Wolf-Ulrich Klünker

Die Empfindung des Schicksals

EDITION DELOS

WOLF-ULRICH KLÜNKER

DIE EMPFINDUNG DES SCHICKSALS

Biografie und Karma im 21. Jahrhundert

VERLAG FREIES GEISTESLEBEN

Wolf-Ulrich Klünker, 1955 in Holzminden (Weserbergland) geboren. Begründer der DELOS-Forschungsstelle für Psychologie (Berlin), Leiter der Turmalin-Stiftung (Rondeshagen bei Lübeck) und Vorstandsmitglied der Anthroposophischen Gesellschaft in Deutschland. Vortragstätigkeit, Forschungen und Veröffentlichungen auf den Gebieten Geistesgeschichte, Psychologie und therapeutische Menschenkunde. Im Verlag Freies Geistesleben liegen vor: *Johannes Scotus Eriugena. Denken im Gespräch mit dem Engel; Selbsterkenntnis der Seele. Zur Anthropologie des Thomas von Aquin; Alanus ab Insulis; Die Empfindung des Schicksals. Biografie und Karma im 21. Jahrhundert; Die Erwartung der Engel. Der Mensch als neue Hierarchie; Christus und das Schicksal des Menschen; Wer ist Johannes? Dimensionen der letzten Ansprache Rudolf Steiners* und *Die Antwort der Seele. Psychologie an den Grenzen der Ich-Erfahrung.*

In der **Edition Delos** erscheinen grundlegende Arbeiten der Delos Forschungsstelle für Psychologie.

Neuausgabe (3. Auflage) 2024

Verlag Freies Geistesleben
Landhausstr. 82, 70190 Stuttgart
www.geistesleben.com

ISBN 978-3-7725-1291-9

Umschlagentwurf: Bianca Bonfert
unter Verwendung des Lochkamera-
Bildes ‹Wort-Raum› von Ramona Rehn.
Bei Fragen zur Produktsicherheit wenden Sie
sich bitte an info@geistesleben.com

Druck: CPI Druckdienstleistungen GmbH
Ferdinand-Jühlke-Straße 7, 99095 Erfurt
Printed in Germany

Inhalt

Einführung:
Das Leben führt an die Grenze des Schicksals und des Begriffs

Selbsterkenntnis und Schicksalserkenntnis gehören heute eng zusammen. Ich kann die geistige Dimension meiner Existenz nicht verstehen, wenn ich mich nicht als irdisches Wesen begreife – und ich kann mich so, wie ich hier auf Erden bin, nicht verstehen, kann mein Leben nicht gestalten, wenn ich nicht zumindest anfänglich einen Zugang zu mir selbst als geistigem Wesen finde.

Man kann noch einen Schritt weitergehen und hinzufügen: Die Annahme eines geistigen Wesens des Menschen und der Glaube an eine geistige Wirklichkeit werden hohl, wenn sie nicht aus der Sphäre meines Lebens befruchtet und verlebendigt werden. Auch die Dimension meiner individuellen geistigen Existenz bleibt letztlich Vorstellung und Theorie, solange sie nicht mit dem Leben zusammengeführt wird. Mit anderen Worten: Ich brauche mich selbst in der Fülle meines irdischen Seins, um mich geistig begreifen zu können. Und gleichermaßen: Ich selbst als geistiges Wesen kann mir der Wirklichkeit, die auch jenseits der Schwelle gilt, nur bewusst werden, wenn ich von meiner irdischen Lebensseite *alle* Höhen und Tiefen, alle Chancen und Gefahren, alle Hoffnungen und Ängste mit einbeziehe. Erfolge gehören ebenso zu dieser irdischen Beleuchtung meiner selbst als geistiges Wesen wie Misserfolg und der Moment tiefgreifenden Scheiterns. Aber umgekehrt gilt eben auch, dass ich mir in meiner seelisch-leiblichen Existenz auf der Erde, in all meinen Beziehungen zu Menschen und zur Welt nur verständlich werden kann, wenn es mir ansatzweise gelingt, mich selbst als geistiges Wesen zu verstehen – in einer Realitätsdichte, die der Wirklichkeitsdichte des irdischen Seins nicht nachsteht.

Vielleicht kann man sogar davon ausgehen, dass zunehmend Lebens- und Erlebenssituationen dunkel bleiben müssen, wenn sie nicht in der eigenen Empfindung in ein gewisses geistiges Licht gestellt werden können, nicht nur als Deutung und Vorstellung, sondern als Wirklichkeit. Die letzte Aussage würde aber bedeuten, dass mit der Gegenwart eine Zeit gekommen ist, in der geistiges und irdisches Sein nicht mehr zu trennen sind. Wollte man alte Begriffe verwenden, so könnte man (zugegebenermaßen etwas zugespitzt) formulieren, der Himmel sei vollständig auf der Erde angekommen, und die Erde im Himmel vorzufinden. Eine Trennung und damit eine dualistische Perspektive erscheinen immer weniger möglich. Real *gelebtes* Schicksal und *Erkennen* des Schicksals gehören ebenso zusammen. Die Schicksalserkenntnis ist nicht die Deutung meines Lebens, und das Leben ist nicht nur Praxis oder gar Folge eines irgendwie veranlagten Schicksals. Sondern das Leben funktioniert nicht mehr, wenn ich mich nicht in meiner Schicksalsdimension begreife, und ich kann mich in meiner Schicksalsdimension nicht begreifen, wenn ich nicht vollständig präsent im Leben stehe. Es gilt im Grunde, was für die geistige Wirklichkeit, beispielsweise für die Existenz des Engels, schon immer Gültigkeit hatte: für eine Existenz in der Nähe und jenseits der Schwelle sind Bewusstsein und Sein, Wahrheit und Leben, Erkenntnis und Wirklichkeit nahe zusammengerückt und tendieren zur Identität.

Damit unterscheidet sich das beginnende 21. Jahrhundert

deutlich von vorangegangenen Epochen der Menschheitsentwicklung, und es besteht auch ein Unterschied zum Beginn des 20. Jahrhunderts. Die Individualisierung ist auf allen Gebieten vorangeschritten; gerade in dieser Hinsicht hat es im 20. Jahrhundert eine Entwicklungsbeschleunigung gegeben, die wohl in der gesamten vorangegangenen Menschheitsgeschichte nicht ihresgleichen findet. Außerdem haben sich durch die Ereignisse der dreißiger und vierziger Jahre des 20. Jahrhunderts die Entwicklungsbedingungen zumindest in Mitteleuropa entscheidend verändert: durch die Ursachen und die Realität des Zweiten Weltkriegs sowie durch seine Wirkungen und Folgen. Menschheitliche und individuelle Existenz ist durch die Ereignisse dieser Zeit etwas anderes geworden, als sie vorher war; darauf ist in vergangenen Jahrzehnten bereits immer wieder hingewiesen worden. Wurde aber dieser Umschwung für das Selbstverständnis der Menschen und für eine neue Psychologie und Anthropologie wirklich schon umgesetzt? Welche Veränderungen ergeben sich daraus auch für ein neues Schicksals-Verständnis und für die Geisteswissenschaft insgesamt? Denn haben diese Ereignisse nicht tiefgreifend in die menschliche Konstitution, in die menschliche Seele, in zwischenmenschliche Beziehungen, in das Verhältnis zu Gesundheit und Krankheit und auch in die Beziehung zu eigener Vergangenheit und Zukunft hineingewirkt?

Der am weitesten reichende Entwurf des 20. Jahrhunderts zur Bedeutung von Reinkarnation und Karma für den Menschen stammt von Rudolf Steiner. Dieser Entwurf ist einschließlich seiner geisteswissenschaftlichen Begründung aus der Anthroposophie im ersten Viertel des 20. Jahrhunderts hervorgegangen, hat seinen Ursprung und seine erste Entwicklung also vor den genannten Umschwüngen und Veränderungen, die sich aus den Ereignissen der dreißiger und vierziger Jahre des vergangenen Jahrhunderts ergeben haben. Zwar gibt es im Werk Rudolf Steiners einige Antizipationen der Möglichkeit solcher kommenden Geschehnisse; dennoch blicken wir heute (und nicht nur in dieser Hinsicht) auf Situationen historisch zurück, die im Werk Rudolf Steiners prognostisch erscheinen. Die daraus sich für das Verständnis von Reinkarnation und Schicksal, aber auch für andere menschenkundliche Inhalte der Anthroposophie ergebenden Konsequenzen sind geisteswissenschaftlich noch nicht sehr weiterreichend erarbeitet worden.

In Beziehungen zu anderen Menschen kann ich bemerken, dass meine Entwicklung, mein Selbstbild, ja sogar mein Selbsterleben in hohem Maße davon abhängt, was andere Menschen an mir bemerken, was sie an mir «erkennen» oder empfinden; wichtig ist auch, dass sie mir diese «Bezeugung» meiner selbst auch spiegeln können. Ich kann dann bemerken, dass ich aus dem lebe, was der Andere in mir sieht, was er mir davon entgegenbringt. Noch deutlicher wird dieses Verhältnis in der Beziehung zu Kindern: Das Kind existiert, entwickelt sich aus dem heraus, was ich als Erwachsener mir als «Begriff» dieser Individualität des Kindes bilden kann. Das Kind braucht eine Art vorlaufende Begriffsentwicklung aus seiner Erwachsenenumgebung, und es wird sich in die prognostische «Erkenntnis» hineinentwickeln, die die Erwachsenen von ihm ausbilden können.

Es ist durchaus berechtigt, dabei von «Begriff» oder «Erkenntnis» zu sprechen, weil ein einfaches Gefühl oder eine einfache Empfindung dem Kind gegenüber in gewisser Hinsicht sentimental bleiben müsste. Denn ein Gefühl bezieht sich auf dasjenige, was das Kind bereits ist; der Denk- und Willensanteil in der Gefühlsbildung und in der Empfindungsumgebung des Kindes ist gleichsam zukunftsoffen, man könnte vielleicht sogar formulieren: ist wirksam aus der Zukunft heraus. Daran wird deutlich, dass die Wirkung der «Erkenntnis» oder des «Begriffs» auf das Kind (und selbstverständlich auch auf einen Erwachsenen) davon abhängt, ob das, was ich da an der betreffenden Individualität erkennend «sehe», aus wirklicher Zuwendung hervorgeht, empfindungsgetragen ist und darüber hinaus in eine echte Willensausrichtung übergehen kann. Fehlen Zuwendung und Interesse an dem Kind bzw. an dem erwachsenen Menschen, dann werde ich in meinem Bild des Anderen eher von mir selbst ausgehen und zu Illusionen und Konstruktionen neigen, die mit der Individualität des Anderen nichts zu tun haben. Fehlt der Wille, so können meine «Einsichten» nicht ins Leben übergehen; dieser Wille äußert sich nämlich daran, dass ich im Sinne einer inneren und äußeren Verbindung mit der betreffenden Individualität in der weiteren Lebensentwicklung «dran» bleibe. Mit dem Willen ist also die Zukunftsöffnung und Zukunftsrealisierung dessen verbunden, was mir vom Anderen und am Anderen erkennendempfindend und empfindend-erkennend deutlich wird.

Es lässt sich auch leicht bemerken, dass ein ähnliches Verhältnis zu mir selbst besteht. Bleibe ich dem verhaftet, was ich bereits bin, so kann ich mich bestenfalls immer wieder reproduzieren, nicht aber wirklich zukunftsoffen entwickeln. Die biografische Situation, Beziehungen zu anderen Menschen, ja auch die Beziehung zu mir selbst neigen zur Stagnation, wenn sie sich auf ein Selbstgefühl und einen Lebensbezug gründen, der auf früheren Voraussetzungen und Erfahrungen, auf dem Gegebenen, beruht. Therapeutische Betrachtungen (und auch eine entsprechende exakte Selbstbeobachtung) können zeigen, dass ein Selbstgefühl und ein entsprechender Weltbezug zur Depression neigen, wenn Selbstbezug und Weltverbindung auf das momentan Gegebene konzentriert bleiben und dieses dann noch aus der eigenen biografischen Vergangenheit herleiten. Zu prüfen wäre dem gegenüber, ob nicht bis in das eigene Selbstgefühl, bis in die Lebensstimmung und bis in die Gefühlsbildung gegenüber anderen Menschen in mir eine Begriffsbildung wirkt, die zukunftsoffen ist.

Auch in der Beziehung zu mir selbst gilt dabei selbstverständlich, dass diese Begriffe, die sich auf die Zukunft beziehen, nicht abstrakt sein dürfen, dass sie vielmehr in einer gewissen Empfindungssättigung und Willensfähigkeit mit meiner Gefühlslage und mit meinen Intentionen in enger Verbindung stehen müssen. Eine Selbsterkenntnis und auch ein Selbstgefühl, die die eigene Situation allein aus der Gegenwart und dem Gewordensein dieser Gegenwart in der Vergangenheit erklären, führen zunehmend zu einer latenten Stimmungsdestruktion, an der ich gleichsam unwissend permanent arbeite. Der zukunftsoffene Begriff, den ich von mir gewinnen kann, wirkt dagegen untergründig als stimmungsaufhellende Kraft – vorausgesetzt, ich verfalle dabei nicht in illusionäre Selbstbilder und Eigenzuschreibungen, sondern ich bleibe mit dem verbunden, wo ich mich *realistischerweise* in meiner Empfindung befinde; und ich verbinde mich entsprechend nur mit dem, was durch meinen Willen auch verwirklicht werden kann (meist im Sinne einer «Politik des jeweils nächsten kleinen Schrittes»).

Andererseits zeigt sich zivilisatorisch eine zunehmende Trennung von Begriff und Lebenswirklichkeit: Politik und Wissenschaft generieren und vertreten Begriffe, die als Realität ausgegeben werden und zur allgemeinen und individuellen

Orientierung dienen sollen. Was «Wirklichkeit» ist, dafür werden mehr und mehr Instanzen zuständig, die aus gewissen Fachkompetenzen heraus «feststellen» oder «erforschen», was Geltung besitzen soll. Bis in persönliche Bereiche von körperlicher und seelischer Gesundheit und Krankheit, bis in die Beschreibung von zwischenmenschlichen Beziehungen, bis in Bereiche des Umgangs mit Grenzsituationen des Alters und des Todes hinein wirken Begriffe aus wissenschaftlicher oder politischer Fachkompetenz. Wer gleicht schon die Begriffe etwa zur wirtschaftlichen Entwicklung oder zu biografischen Gesetzen und psychologischen Mechanismen mit der eigenen Erfahrung ab? Wer fragt sich wirklich, welcher eigenen Empfindung gewisse medizinische oder psychologische Begriffe entsprechen, die selbstverständlich vorausgesetzt werden? Kulturell und wissenschaftlich immer wieder verwendete Begriffe und Gedanken, ja die Denkgewohnheiten selbst lösen sich unmerklich vom Menschen ab – und werden trotzdem für das eigene Leben, für die eigene Gesundheit, für das Verständnis der eigenen seelischen Situation verwendet. «Fachleute» und ihre Erkenntnisse sollen dort orientieren, wo die Selbstverständlichkeit des eigenen Stehens im Leben nicht mehr gegeben ist. Daraus entsteht die Gefahr, dass das Individuelle und Persönliche nicht mehr in diesen Begriffen und Erkenntnissen, nicht mehr in der «Wahrheit», sondern lediglich noch im Gefühl gesucht wird – in der Konsequenz würde dies aber eine Trennung von Gefühl und Wirklichkeit bedeuten, die die eigene Empfindung auf Dauer «ununwahr» und die «Wahrheit» auf Dauer unmenschlich und unerträglich machen würde.

Zu fragen wäre, ob Ähnliches nicht auch für das Verhältnis zu geisteswissenschaftlichen Begriffen und für den Umgang mit

Reinkarnation und Karma gilt. Einerseits bewegen sich die Anthroposophie und Geisteswissenschaft notwendig in Begriffszusammenhängen; das Leben urständet im Begriff, im Wort, im Logos – «im Anfang war der Logos» (Johannes 1,1). Andererseits steht die Geisteswissenschaft in der Gefahr (und wird auch oft so erlebt), sich mit ihren Begriffen vom individuellen Erleben und Empfinden, also von dem, was ich selbst nachvollziehen kann, zu entfernen. Dann steht man vor der Alternative, entweder die Inhalte der Anthroposophie zu «übernehmen» oder sie einfach abzulehnen. Sich ihnen gegenüber gleichgültig zu verhalten, käme einem inneren Desinteresse und damit einer Ablehnung gleich. Im Fall des «Übernehmens» dieser Begriffe und Inhalte müsste man sich, ähnlich wie gegenüber der wissenschaftlichen Fachkompetenz, auf diejenigen verlassen, die zu diesen Erkenntnissen gelangt sind, sei es auf dem Weg geistiger Begriffsbildung, sei es durch «hellsichtige» Fähigkeiten. Das hiermit angedeutete Problem betrifft auch die Beziehung zu Rudolf Steiner und zu denjenigen Begriffen und Inhalten der Anthroposophie, die er bis zu seinem Tod im März 1925 hervorgebracht hat.

Es besteht ein enger Zusammenhang zwischen Gedankenbildung und Lebensrealität, allerdings liegt dieser Zusammenhang tief im Unbewussten, und er wird so wenig beachtet, dass er zunächst absurd erscheinen kann. Die lebendigen Gedanken, die das menschliche Ich vor der Inkarnation oder Geburt selbsttätig denkt, bereiten Inkarnation vor, «bilden» gleichsam die nachfolgende Biografie (vor und ab). Diese Gedanken entwickeln seelische, zwischenmenschliche und geografische Zusammenhänge, die sich dann biografisch in dieser oder jener Weise einlösen. Auch der individuelle leibliche Organismus hängt von ihnen ab. Das vorgeburtliche Denken wirkt also *wirklichkeitsschaffend.* Die menschenkundliche und therapeutische Dimension des *Heilpädagogischen Kurses* Rudolf Steiners (1924) beruht auf dieser Einsicht. Dort wird in Ansätzen deutlich, wie das menschliche Ich nach Maßgabe der Realitätsfähigkeit seines Denkens vorgeburtlich die Umstände der nachfolgenden Inkarnation vorbereitet, bis hin zur physischen Leibbildung – mit allen Risiken und Gefahren, die sich aus einer nicht wirklichkeitsfähigen Gedankenbildung im vorgeburtlich-geistigen Sein des Ich ergeben.

Hier zeigt sich, dass die lebendige Gedankenkraft des Menschen nicht nur Wirklichkeit abbilden, sondern sie auch schaffen kann; dass auch die Gedankenillusion nicht nur mental bleibt, sondern für den betreffenden Menschen und die Welt durchaus reale problematische Folgen hat. In ähnlicher Weise ist der Zusammenhang von karmischer Realität oder karmischer Illusion mit der eigenen Gedanken- und Vorstellungsbildung zu betrachten: die entsprechenden Gedanken geben nicht nur für das Bewusstsein des Menschen Wirklichkeit oder Illusion wieder, sondern sie wirken auch als schaffende Kraft. So können entsprechende Vorstellungen und Gedanken beispielsweise ein intensives vermeintlich «karmisches» Erleben auslösen: Gefühle und Eindrücke, die bis in tiefe Empfindungsschichten hinein illusionär mit «früheren Inkarnationen» verbunden erscheinen. Es können weitreichende Erlebnisse, Eindrücke von anderen Menschen, sogar konkrete Bilder «damaliger» Umgebung entstehen.

Aber auch hier gilt, dass die *Intensität* des Erlebens kein Gradmesser seiner *Realität* sein kann. Die Bewusstseinsseelen-Entwicklung im 20. Jahrhundert hat eine so große Schwellennähe gebracht, dass Erlebnisse auftreten können, die zwar von der gegebenen Schwellennähe künden, aber dadurch noch nicht unbedingt realitätsfähig werden. Die Vergrößerung des eigenen Ich im Sinne eines illusionären Erlebens nimmt in Schwellennähe eine derartige Dimension an, dass nur starke Ich-Kräfte in der Lage sind, hier in der eigenen Form zu bleiben bzw. diese geistig zu finden. Es spiegelt sich im eigenen Erlebnisbild trotz aller inneren Intensität die Wirklichkeit nicht einfach. Vielleicht muss man sogar davon ausgehen, dass geistige Wirklichkeit sich in der Regel gar nicht intensiv, sondern nur leise, stets wieder verschwindend, also vorübergehend und kaum merklich darstellt. Das entsprechende innere Bild bzw. die Verbindlichkeit des Erlebens müsste dann erst durch verstärkte Ich-Kraft *gefunden* werden.

Das Ich verbindet Bewusstsein und Leben

Der Mensch erinnert sich nicht über die Schwelle hinweg; er hat keine Erinnerung an den traumlosen Schlaf – was er vom Schlaf erinnert, ist gerade nicht Wirklichkeit, sondern eben Traum. Und auch die Traumerinnerung ist nicht der Traum selbst. Auch wenn man im Traum meint, man sei erwacht, träumt man in Wahrheit weiter. Weil die Erinnerung an den traumlosen Schlaf fehlt, hat das menschliche Ich am Tage kein Bewusstsein von der geistigen Wirklichkeit, in der es sich in der Nacht befindet. Denn die Erinnerung geht nicht über die Schwelle der Wirklichkeit; Erinnerung ist nicht Wirklichkeit, sondern Spiegelbewusstsein einer Wirklichkeit. Das lässt sich auch am Gefühl verdeutlichen: Ein Gefühl kann nicht erinnert werden; erinnert wird die Vorstellungsspiegelung des Gefühls aus der Vergangenheit – und an ihr kann *in der Gegenwart* ein ähnliches Gefühl erlebt werden. Die Gefühlsrealität selbst ist immer gegenwärtig, nie vergangen oder zukünftig. So gilt auch für eine erinnerte Wahrnehmung (Sinnesempfindung), dass sie als mehr oder weniger blasse Vorstellung auftritt und als volle Sinnesempfindung erst wieder in der Gegenwart hergestellt werden muss, um Wirklichkeit zu sein.

Geistige, gefühlshafte und Wahrnehmungswirklichkeit ist durch die Erinnerung nicht realisierbar. Wie verhält es sich in dieser Hinsicht mit Einsichten zu Reinkarnation und Karma? Handelt es sich dabei um erinnerbare vergangene Lebens-«Inhalte»? Verhält es sich mit einem möglichen Rückblick auf vergangene Inkarnationen wie mit der Erinnerung an einen Traum? Die Erinnerung an einen Traum ist nicht der Traum selbst, und der Traum wiederum gibt die im Schlaf erlebte geistige Wirklichkeit (wenn überhaupt) nur höchst entstellt wieder. Wird im Reinkarnationserleben ähnlich wie in der Gefühlserinnerung lediglich ein *gegenwärtiges* Gefühl empfunden, ohne dass hier, im Unterschied zur Gefühlserinnerung, noch eine klare Vorstellung des früheren Erlebens vorliegt? Wie können hier Entstellungen und Illusionen wie im Traum vermieden werden?

Jedenfalls kann festgehalten werden, dass Reinkarnationserkenntnis und ein Bewusstsein karmischer Wirklichkeit nicht einfach die Spiegelvorstellung einer Erinnerung sein kann; auch ein gegenwärtiges Erleben verbürgt nicht seine realistische Beziehung auf eine karmische Vergangenheit. Vielmehr müsste es sich um eine Erkenntnisform des Ich handeln, die fähig ist, über die Schwelle zu gehen, und zwar in einem doppelten Sinn: entweder eine geistige Wirklichkeit über die Schwelle hinweg in das Tagesbewusstsein des Ich hinein zu transferieren, oder dieses Ich-Bewusstsein selbst in der Gegenwart und unter irdischen Bedingungen in das Jenseits der Schwelle zu versetzen. Es kann sich zeigen, dass beide Vorgänge nicht voneinander zu trennen und letztlich identisch sind, wenn es darum geht, Erkenntnis und Wirklichkeit, Bewusstsein und Leben zu verbinden.

In der Berührung von ätherischer und astralischer Organisation begegnen sich ein Lebens- und ein Erlebensvorgang. Die Pflanze hat einen ätherischen, keinen astralischen Prozess; ihrem Lebensvorgang entspricht kein Erlebensvorgang. Das ist beim Tier anders: der organische Lebensprozess wird von einem Erlebensprozess begleitet, das Tier bildet seelische und organische «Innerlichkeit» aus. Diese «Innerlichkeit» des Erlebens und Empfindens ist immer mit der Fähigkeit zur

Ortsbewegung verbunden; das Tier als ein Wesen mit innerem Erleben grenzt sich gegen eine Außenwelt ab, kann sich in dieser Außenwelt von einem Ort zum anderen bewegen. Die Pflanze dagegen ist ortskonstant, in ihrer Entwicklung Abbild und in Abhängigkeit von ihrer Umgebung und dem Jahreslauf – das Tier emanzipiert sich teilweise aus beidem. In diesem Prozess entsteht beim Tier auch eine organische «Innerlichkeit», die den Tierorganismus deutlich von der Umgebung abgrenzt – während die «Organe» der Pflanze kein wirkliches Innenleben zeigen, sondern Ausdruck ihres Außenverhältnisses und letztlich nur modifizierte Blattformen sind.

Die Verbindung von Lebens- und Erlebensprozess, die in der Berührung von ätherischer und astralischer Organisation entsteht, ist auch beim Menschen gegeben. Beim Menschen wird der innere Erlebnisvorgang durch das Ich zu einem umfassenden Bewusstseinsvorgang, in dem das Denken und damit beispielsweise die Fähigkeit zum instrumentellen Eingriff in die Umgebung hinzutritt. Beim Menschen und beim Tier differenzieren sich die Empfindungs- und Erlebnismöglichkeiten in diejenigen Empfindungen, die an der Sinneswahrnehmung entstehen, und in die eher gefühlshaften Erlebnisse. Durch das denkende Bewusstsein des Menschen erfahren diese Empfindungsbereiche vom Ich her eine vollständige Modifikation: das menschliche Ich wird sich im Denken seiner Erlebnisse, Empfindungen und Wahrnehmungen bewusst. Dadurch wird das Leben zur individuellen Biografie. Das Ich erlebt sich selbst in einem biografischen Lebensprozess und in einem Bewusstseinsprozess, die niemals identisch sind. Unmittelbar und in jedem Moment ist deutlich, dass der Bewusstseinsprozess des Ich in gewisser Hinsicht mehr und in anderer Hinsicht auch weniger als der biografische Lebensprozess umfasst, während umgekehrt dieser Lebensprozess einerseits das Bewusstsein bestimmt, andererseits von den Entwicklungen des Bewusstseins zentral abhängig ist.

Die Berührung von Bewusstsein und Leben im Ich kann heute zu karmischer Wirklichkeit führen. Das Ich ist weder mit seinem Lebensprozess noch mit seinem Bewusstseinsprozess identisch. Der Lebensprozess umfasst neben der Dimension biografischer Entwicklung auch die Begegnung mit denjenigen Menschen, mit denen ich lebensbezogen verbunden bin. Hinzu kommt auf der Lebensseite das organische Geschehen mit Wachstum und Veränderung, der Lebensprozess in Gesundheit und Krankheit. Der nächtliche Traum gibt zuweilen zu erkennen, wie Lebensprozesse und Bewusstseinsprozesse ineinanderspielen, wenn etwa körperliche Empfindungen sich in Bilder des wachen Tagesbewusstseins kleiden: beispielsweise kann ein Kältegefühl ein Traumbild mit einer Kühlschrankthematik anstoßen. Der Lebensprozess vermittelt aber doch durchgehend den Eindruck von «Tiefen», die mit dem Bewusstsein nur schwer zu erreichen sind. Das betrifft etwa Bereiche der eigenen familialen Herkunft, der eigenen Konstitution, der gesundheitlichen und schicksalhaften Entwicklung. Aber auch der Bewusstseinsprozess verweist auf Dimensionen, die wegen ihrer «Tiefe» oder «Höhe» unerreicht bleiben, etwa als religiöse Inhalte oder als ethische Ansprüche. Für viele Menschen zeigt sich eine problematische Verknüpfung von Bewusstsein und Leben in einem Konflikt zwischen eigener seelisch-geistiger Orientierung und deren Repräsentanz und Akzeptanz in der Herkunftsfamilie – genau in diesem Verhältnis beginnt sich die Berührung von Bewusstsein und Leben in der Jugend neu zu konstituieren. Die gesamte Biografie kann unter dem Gesichtspunkt der Verwandlung der Beziehung von

Bewusstsein und Leben betrachtet werden, indem man sich ganz allgemein verdeutlicht, wie sich im Laufe des Lebens die Verhältnisse von Bewusstsein und Leben wandeln. Im Großen und Ganzen sieht man die Biografie eines Menschen dadurch gekennzeichnet, dass der Bewusstseinsprozess gegenüber dem Lebensprozess zunimmt. Andererseits kann sich in demselben biografischen Vorgang das Bewusstsein verlebendigen, das Leben von Bewusstsein durchdrungen werden, ohne die Lebendigkeit zu gefährden.

Wie lässt sich nun das Verhältnis von Bewusstsein und Leben auf den Zusammenhang von zwei Erdenleben beziehen? Der Ansatz könnte darin bestehen, die Entwicklung des Ich über mehrere Erdenleben hinweg in dem Verhältnis von Ich-Bewusstsein und Lebensprozess zu sehen. Die Unterbrechung des Tagesbewusstseins durch den nächtlichen Schlaf wird begleitet durch eine Fortdauer des Lebensprozesses, zumindest soweit er die Funktionen des Organismus betrifft. Das Ich-Bewusstsein und auch das Selbstgefühl können am folgenden Tag an das Ich-Bewusstsein und das Selbstgefühl des vorangegangenen Tages anschließen, wenngleich die Ich-Situation des dazwischenliegenden traumlosen Schlafs verschlossen bleibt. Eine genauere Beobachtung oder Empfindung kann bemerken, dass die Anknüpfung des Ich-Bewusstseins und des Selbstgefühls an die bewusste Ich-Situation des vorangegangenen Tages nicht wirklich kontinuierlich oder «linear» erfolgt, sondern dass Stimmungs-, Erlebens- und Denkmodifikationen vorliegen. – Die Diskontinuität im Ich-Bewusstsein und Selbstgefühl zwischen zwei Erdenleben ist aber weitaus substanzieller. Das Ich würde sich bei einer Selbstbegegnung völlig fremd gegenüberstehen: im Selbstgefühl, im Weltverhältnis, in der Beziehung zu anderen Menschen.

Diese Fremdheit ist dadurch bestimmt, dass sich im Sinne eines Entwicklungsfortschrittes für das Ich weder das Bewusstsein noch die Lebensseite kontinuierlich an die vorangegangene Erdenexistenz anschließen. Vielmehr wird Ich-Entwicklung möglich, indem sich das gegenwärtige Ich-Bewusstsein aus der Lebensseite der vorangegangenen Inkarnation, die Lebens- und Konstitutionsseite der gegenwärtigen Inkarnation aber an das Ich-Bewusstsein der vorangegangenen Inkarnation anschließt. Das frühere Bewusstsein entwickelt sich durch das gegenwärtige Leben weiter, der damalige Lebensprozess in dem gegenwärtigen Ich-Bewusstsein. Gegenwärtiges Bewusstsein ist durch Rekurs auf die Lebensrealität in der vorangegangenen Inkarnation, gegenwärtiges Leben durch Rekurs auf die Bewusstseinslage des letzten Lebens zu begreifen.

Hier hat ein neues, für Gegenwart und Zukunft tragfähiges Inkarnationsverständnis anzusetzen. Es ist nicht möglich, auf der Bewusstseins- und Erlebensseite des Ich eine Kontinuität zwischen zwei Erdenleben zu erwarten; deshalb erwecken «Rückführungen» und sogenannte «Reinkarnationserlebnisse» durchaus Misstrauen. Auf der Ebene des Bewusstseins, des Erlebens, aber auch des Selbstbewusstseins und des Selbsterlebens kann das gegenwärtige Ich in Wahrheit gar nicht an seine vorangegangene Inkarnation anschließen; es kann sich nicht selbst in diesem Bewusstseinsakt identifizieren. Entsprechende Erlebnisse können so den Eindruck eines illusionären Geschehens hervorrufen. Andererseits ist das Ich erst mit der Weiterentwicklung der Bewusstseinsseele so stark geworden, dass es sich jetzt, zu Beginn des 21. Jahrhunderts, in seinem vorangegangenen Lebensprozess selbst identifizieren kann. Das bedeutet letztlich nichts anderes, als dass das gegenwärtige Leben auf ein *erkennbares* vorangegangenes Ich-Bewusstsein verweist, dass umgekehrt gegenwärtiges Ich-Bewusstsein erkennbar an einen vorangegangenen Lebensprozess anzuschließen ist.

Um diesen Zusammenhang wirklich erkennen und erleben zu können, musste das Ich so stark werden, dass es die völlig unterschiedlichen Äußerungsweisen von Bewusstsein und Leben in einem neuen Ich-Gefühl zusammenführen kann. Damit ist die vorangegangene Inkarnation *jetzt* gegenwärtig: ihr Bewusstsein im Leben, ihr Leben im Bewusstsein. Erkenntnis und Sein sind hier nicht zu trennen; diese inkarnative Überkreuzung von Bewusstsein und Leben wird erst erkennbar, wenn sie sich existenziell und menschheitsgeschichtlich in der geschilderten Art herausentwickelt hat. Der Bewusstseinsprozess einerseits, der Lebensprozess andererseits sind erst in der Gegenwart so weit getrennt, aber andererseits durch die erwähnte Ich-Stärke auch wieder so zusammenzuführen, dass diese Existenzsituation gegeben ist – und zugleich sind damit auch die entsprechenden Erkenntnisbereiche zugänglich. Indem in der geschilderten Bewegung «über Kreuz» die vergangene Inkarnation in der Gegenwart anzutreffen ist, kann und muss die Erkenntnis von Reinkarnation und Karma auch in anderer Weise beschrieben werden als beispielsweise noch im Werk Rudolf Steiners: die Erkenntnis von Reinkarnation und Karma hat weniger Rückblickcharakter, vielmehr die Signatur des Erwachens in und für die Gegenwart.

In der Gegenwart hat sich das Selbstgefühl des Ich zu dem Berührungspunkt von Bewusstsein und Leben herangebildet. Umgekehrt: Das Selbstgefühl des Ich entsteht in diesem Entwicklungszeitpunkt der Bewusstseinsseele an dem karmischen Berührungspunkt von Bewusstsein und Leben. Indem das Ich *jetzt* sich selbst empfindet und erlebt, fühlt es (zumindest indirekt) seine eigene Existenz in der Berührung von Bewusstsein und Leben. Und in dieser Berührung sind in der Gegenwart die Linien präsent, die in einer Art Überkreuzungsbewegung in die Schicksalsvergangenheit *führen*, nicht nur *weisen*. Verfolgt man die Lebenslinie in die Vergangenheit weiter, so stößt sie reinkarnativ auf Ich-Bewusstsein; verfolgt man die Bewusstseinslinie in die Vergangenheit weiter, so stößt sie reinkarnativ auf eine frühere Lebenssituation des Ich.

Dieser Zusammenhang gilt ansatzweise auch schon für die gegenwärtige *Biografie*. Denn die jetzige Bewusstseinssituation verweist auf frühere Lebenszustände, etwa in Kindheit oder Jugend, aber auch der jüngeren Vergangenheit; und die jetzige Lebenssituation resultiert zu einem nicht geringen Teil aus früheren Bewusstseinsmöglichkeiten des Ich. So spiegelt das spätere Erwachsenenalter in seiner Lebenswirklichkeit in unterschiedlicher Akzentuierung und Konsequenz diejenigen Entwicklungen, die in der Jugend und im früheren Erwachsenenalter bewusst intendiert waren. Umgekehrt betrachtet entwickelt das Ich immer mehr die Kraft, die bewusste Selbsterfassung im Leben auch zu realisieren; Einlösung von Lebenswirklichkeit, also individualisierte Lebensgestaltung setzt voraus, dass sie zuvor auch im Bewusstsein erfasst werden konnte. Damit ist die Lebensebene mehr in die Dimension der Freiheit, aber auch in die Dimension des Risikos und der Abhängigkeit von eigenen Bewusstseinsmöglichkeiten gerückt.

Für die *karmische* Situation des Ich stellen sich die Verhältnisse folgendermaßen dar: Der Berührungspunkt von Bewusstsein und Leben liegt im *gegenwärtigen* Selbstgefühl, und alle karmischen Eindrücke und Erkenntnisse können nur aus dem Selbstgefühl des Ich hervorgehen und dort bemerkt werden. Schon aus dieser Charakterisierung ergibt sich, dass aus dem neuen karmischen Entwicklungsprinzip kein «Gesetz» oder «System» abgeleitet werden kann. Es kann nichts «geschlossen» werden, sondern der Ausgangspunkt für karmische Eindrücke und Erkenntnisse liegt immer in einem merkwürdig subjektiv-objektivem Selbstgefühl des Ich, also gerade nicht in der systematischen Unterscheidung von Bewusstsein und Leben, sondern in ihrem empfundenen Identitätspunkt. Mit anderen Worten: Nicht die karmische Differenzierung von Ich-Bewusstsein und Ich-Lebenssituation führt zu ihrer Einheit im gegenwärtigen Selbstgefühl des Ich; vielmehr kann ihre Einheit im Selbstgefühl für die Empfindung so erkenntnisklar werden, dass die Differenzierung von Bewusstseins- und Lebensanteilen in der gegenwärtigen und in der vergangenen Inkarnation möglich wird. Die Einsicht in eine «karmische Verursachung» aus der letzten Inkarnation führt nicht auf das gegenwärtige Selbstgefühl, sondern das Selbstgefühl macht bei entsprechender Empfindungshelligkeit die Differenzierung von Bewusstsein und Leben möglich. Und es kann dann beobachtet werden, dass sich die Differenzierung des Selbstgefühls im Bewusstsein und Leben über (zunächst) zwei Inkarnationen erstreckt.

Die Überkreuzung von Bewusstsein und Leben als Mittel karmischer Ich-Entwicklung in der Gegenwart kann auch so verstanden werden: Im Geistesleben des Ich, in seinem Denken als zugespitzter Ausdruck des Bewusstsein begegnet dem Ich die eigene Konstitution, das eigene Leibverhältnis, die eigene Lebenssituation der vorangegangenen Inkarnation. Auf der anderen Seite spiegeln die gegenwärtige Konstitution, die leiblich-familiale Herkunft, die Lebensumgebung und die Lebenssituation das Bewusstsein und dessen forcierten Ausdruck im Denken der vorangegangenen Inkarnation. Dieses Bewusstsein der vorangegangenen Inkarnation hat also inzwischen organismusbildend und als Form der jetzigen Lebenslage gewirkt; das vorangegangene Bewusstsein hat die eigentliche individuelle Lebensgrundlage für die gegenwärtige Inkarnation geschaffen, bis in das Selbstgefühl herein, insofern dieses von leiblichen Gegebenheiten abhängt. In der gegenwärtigen Leibes- und Lebenssituation steckt also gleichsam der nächste Schritt vorangegangener Bewusstseinsentwicklung (in der letzten Inkarnation): das gegenwärtige *Leben* als Entwicklungskonsequenz der damaligen *Bewusstseins*-Lage.

Bewusstsein, Erkenntnis und geistige Ausrichtung entwickeln sich also nicht allein und nicht in erster Linie als Form des Bewusstseins fort, sondern als Form des Lebens und des Leibes, und diese Metamorphose ist die eigentliche «Unterbrechung» zwischen zwei Erdenleben. Geistige Entwicklung ist nicht allein Bewusstseinsentwicklung; vielmehr kann die jetzige Lebens- und Leibessituation als der nächste *geistige* Schritt vorangegangener Bewusstseinsentwicklung gelten, nämlich als deren Vertiefung und Konsolidierung. Dieser nächste Schritt ist vielleicht nur durch ein Eintauchen in eine schwierige Lebensebene möglich, geht mit der (vielleicht nicht unproblematischen) Lebenssituation gegenwärtiger Inkarnation in eine nächste Konsequenz. Vorangegangene Bewusstseinsentwicklung opfert sich gleichsam in irdische Lebensrealität und kann nur so davor bewahrt werden, wirklichkeitsfern, überzogen, abgehoben zu werden.

Damit wird geistige Entwicklung, wird Bewusstsein der vorangegangenen Inkarnation in der nächsten auf der Lebensebene irdisch; im gleichen Zusammenhang kann nun aber auch Irdisches und Leben geistig, d.h. Gegenstand *bewusster* Ich-Entwicklung werden. Denn auf der Lebensseite ist jetzt bereits die nächste Bewusstseins-Konsequenz enthalten, die gegenwärtige Lebensentwicklung und -problematik weist also auf die Bewusstseins- und Geistessituation der nächsten Inkarnation. Man könnte auch formulieren, dass die jetzige Lebensentwicklung zukünftige Geistesentwicklung antizipiert – und dass umgekehrt in der gegenwärtigen Geisteshaltung die zukünftige Lebensentwicklung des Ich veranlagt wird. So schließen sich in der Gegenwart, letztlich in jedem Lebensaugenblick gegenwärtiger Inkarnation Vergangenheit und Zukunft zusammen. An dem Überkreuzungspunkt von Bewusstsein und Leben gehen in die Gegenwart vergangene Bewusstseinsentwicklung als Lebenssituation, zugleich aber auch aus dieser Lebenssituation zukünftige Bewusstseinsentwicklung ein; und in gleicher Weise berühren sich in der momentanen Geisteshaltung vergangenes und zukünftiges Leben.

Dieser Zusammenhang kann zu einem leisen Lebensgefühl des Ich werden, und in einer solchen Empfindung wird spürbar, dass in dem wechselbildähnlichen Oszillieren von Bewusstsein und Leben in jedem Moment der Gegenwart das Gesamte anwesend ist. Die Gesamtpräsenz karmischer Entwicklung im gegenwärtigen Augenblick verbindet Bewusstsein und Leben, und aus dieser karmischen Verbindung des Ich kann zunächst ein leises Gefühl eigener Existenzwirklichkeit hervorgehen: weder die Bewusstseinssituation allein noch die Lebenssituation allein sind Ausdruck der karmischen Situation des Ich, sondern ihre Berührung im Jetzt.

Aus einem solchen leise empfindenden Erleben kann im Selbstgefühl des Ich schließlich auch ein Betrachtungs- und Erkenntnisaspekt für karmische Entwicklung hervorgehen. Der Ausgangspunkt dafür ist ein Erleben, in dem die Lebensseite des Bewusstseins und die Bewusstseinsseite des Lebens sich verbinden. In jedem Augenblick kann das Selbstgefühl des Ich und das Realitätserleben vertieft werden, wenn die Lebenseinbindung eigener Bewusstseinsorientierung und die Bewusstseinsfähigkeit (Erkenntnisfähigkeit) eigener Lebenswirklichkeit einbezogen, d.h. miterlebt werden. Insofern geht karmische Erkenntnis aus einem Selbstgefühl hervor, das die jeweils andere Seite mitempfindet. Es ist klar, dass eine schematische Unterscheidung von Bewusstsein und Leben dieser Empfindungsebene karmischer Einsicht nicht entsprechen kann. Die geistige Kraftwirklichkeit des Ich, die sich durch verschiedene Inkarnationen hindurch realisiert, wird in einem solchen empfindenden Erleben gleichsam vorsichtig glimmend spürbar. Dass das Selbstgefühl des Ich den Berührungspunkt von Bewusstsein und Leben in dieser Weise erlebnis- und bewusstseinsfähig umfasst, kann als ein neuer Entwicklungsschritt von Individualität in der Gegenwart gelten.

Das Selbstgefühl erwacht für den karmischen Zusammenhang von Bewusstsein und Leben

Die Empfindung und insbesondere das Selbstgefühl ist aussagefähig geworden für karmische Wirklichkeit. Damit ist nicht gemeint, dass das Gefühl karmisch gedeutet oder begründet werden sollte; vielmehr liegt in der karmischen Aussagefähigkeit der Empfindung die Voraussetzung, dass Empfindung und Gefühl in und durch sich selbst karmische Wirklichkeit sind und deshalb Schicksal beleuchten können. Mit anderen Worten: die karmischen Voraussetzungen erklären nicht mein Selbstgefühl und meine Empfindung, sondern Empfindung und Selbstgefühl erhellen meinen Schicksalszusammenhang. Diese Aussagefähigkeit des Ich über sich selbst im Gefühl entspricht der Entwicklung der Bewusstseinsseele, ist also entwicklungsgeschichtlich neu und mit der geisteswissenschaftlichen Wirklichkeit des 21. Jahrhunderts im Zusammenhang zu sehen.

Indem das Selbstgefühl karmische Wirklichkeit wird, gibt es auch eine Empfindung für Schicksalsrealität. Solche Stimmungseindrücke sind für die Geisteswissenschaft heute ungeheuer wichtig – Geisteswissenschaft wird immer mehr von einer Esoterik der Lehre zu einer Esoterik der Empfindung; sie darf allerdings selbstverständlich nicht in eine *problematische* Gefühlsabhängigkeit (Emotionsbezogenheit) geraten. In der Verbindung mit dem Gefühl wird Geisteswissenschaft nun wahrhaft individuell; im Gefühl ist jeder mit sich selbst konfrontiert; im Gefühl begegne ich mir selbst in meiner Beziehung zur Welt, zum anderen Menschen, zu mir selbst.

Damit ist Karma endgültig in der Gegenwart angekommen. Die Frage nach dem Karma stellt sich nicht mehr als Blickrichtung in die Vergangenheit, sondern karmische Realität ist *jetzt* gegenwärtig – und von hier aus lässt sich Vergangenheit erhellen. In einem solchen Selbstgefühl wird Geisteswissenschaft zu einer Esoterik des Ich, und die Sensibilität für diesen Zusammenhang erhebt das Selbstgefühl aus der Sphäre des rein Subjektiven. Es kann eine Sensibilität entstehen, in der sich das Existenzielle der Empfindung und des Selbstgefühls mit der spirituellen Würde der geisteswissenschaftlichen Lehre verbindet. Die hier gemeinte Empfindung ist in Teilaspekten biografisch und manchmal auch karmisch eine Folge der eigenen Beschäftigung mit dem geisteswissenschaftlichen Inhalt: das Selbstgefühl und die Stimmungslage als Kraftwirkung oder Resonanz vorangegangenen Geisteslebens.[1]

Empfindung und Selbstgefühl sind heute Ausdruck eines großen Zusammenhangs: im empfindungshaften Selbsterleben des Ich verbinden sich *Bewusstsein und Leben*. Der Verbindungspunkt von Bewusstsein und Leben ist Ausdruck realer karmischer Ich-Situation, stets jetzt, unmittelbar im Lebensaugenblick. Ein Gefühl ist immer gegenwärtig, ist immer jetzt; auch ein erinnertes Gefühl der Vergangenheit tritt jetzt wieder als Gefühl auf – oder es handelt sich lediglich um eine Erinnerungsvorstellung eines Gefühls. Ein Gefühl mag noch so illusionär sein, sich später als Illusion herausstellen; in seiner *Erlebnis*-Dimension ist es immer wirklich, und das Erleben eines Gefühls zu unterdrücken oder zu verdrängen hat stets problematische seelische oder somatische Wirkungen. In dieser Wirklichkeit des Gefühlserlebens wirkt und zeigt sich die karmische Dimension der Verbindung von Bewusstsein und Leben im menschlichen Ich.

Man kann Empfindung und Selbstgefühl in ihrer Erlebnis-Dimension und in ihrer karmischen Dimension als Ausdruck der Verbindung einer Tages-(Bewusstseins-) und einer Nacht-(Lebens-)Seite der menschlichen Existenz begreifen. Das Selbstgefühl verbindet alle Einzelempfindungen, bzw. alle Einzelempfindungen gehen letztlich aus dem Selbstgefühl hervor – das Selbstgefühl differenziert sich in die Einzelempfindungen auch dort, wo diese sich nicht auf das Ich selbst, sondern auf andere Menschen oder auf Objekte in der Welt beziehen. Selbstempfindungen, die mit Sinneswahrnehmungen verbunden sind, stehen in engster Verknüpfung mit dem Selbstgefühl, verändern es und werden durch das Selbstgefühl verändert.[2] So vereinigen sich im Gefühl Selbstbezug und Weltbezug, Subjektivität und Objektivität. Dass auch die eigene leibliche Situation in Stimmung und Empfindung einfließen, weist auf die Nachtseite der Empfindung: die Lebensdimension des eigenen Leibes bleibt weitgehend unbewusst und tritt nur dann in ein (Schmerz-)Bewusstsein, wenn Störungen vorliegen.

Neben dem Leben des Leibes bleibt auch das Leben der eigenen biografischen Entwicklung in seiner Zusammenhangbildung zunächst und zumeist im Dunkeln. Das Leben umfasst den Organismus des eigenen Leibes und den Organismus des eigenen Lebens – aber dort, wo Bewusstsein dieser Lebenszusammenhänge entsteht, ist dieses Leben oft unterbrochen oder gestört. Wie im Fall der Krankheit ein Bewusstsein des eigenen Leibes entsteht, so kann auch durch eine biografische Schwierigkeit, etwa durch einen Schicksalsschlag oder eine menschliche Trennungssituation ein Bewusstsein der Lebensentwicklung in der Biografie entstehen. Andererseits bildet das Bewusstsein den Lebensvorgang meistens nicht adäquat ab, sondern es entsteht nur ein Bewusstsein der Störung, aber nicht der Wirklichkeit des Leibes oder der Biografie. Wenn also Leben in das Bewusstsein eintritt, stellt sich die Frage nach der Wirklichkeit des entsprechenden Bewusstseins.

Das Leben in seiner leiblichen und in seiner biografischen Ausprägung ist wirklich, aber nicht umfassend bewusst. Das Bewusstsein ist mir zugänglich, ich kann mich darauf beziehen, aber es ist nicht unbedingt lebendig, besitzt nicht den Wirklichkeitsgrad des Lebens. Empfindung und Selbstgefühl verbinden nun die Wirklichkeit des Lebens und die «Zugänglichkeit» des Bewusstseins für das Ich. Die bewusste Seite des Gefühls ist stets auch lebendig (im Erleben), und die Lebensseite des Gefühls ist bewusst (ebenfalls im Erleben). Damit kann das Gefühl allerdings auch den Illusionscharakter des Bewusstseins annehmen – und andererseits wie das Leben die Zugänglichkeit für das Ich reduzieren, die das reine Denkbewusstsein stets besitzt.

Bewusstsein und Leben: Tag und Nacht, bewusstes Ich-Erleben und unbewusste Ich-Individualität des Leibes, die bewusste geistige Dimension der eigenen Existenz mit ihren Interessen und Inhalten, und die unbewusste geistige Seite, die in der Biografie, im Schicksal und im Leibesgeschehen liegt. Jedes Gefühl verbindet beide Seiten. Es findet eine Art Überkreuzung von Bewusstsein und Leben statt. Jeder Lebensaugenblick ist davon geprägt, denn jeder Lebensaugenblick ist Gefühl – die Gegenwart ist Gefühl und Gefühl ist Gegenwart. Aber die Überkreuzungsbewegung von Bewusstsein und Leben in der Gegenwärtigkeit des Ich-Gefühls kann sich auch öffnen: dann kann zunächst ahnungsweise in das Erleben eintreten, dass in dem Gefühl das Prinzip karmischer Entwicklung zugänglich werden kann. Dann kann sich zeigen, dass *die geistige Dimension des vorangegangenen Lebens zur Lebensdimension des folgenden Erdenlebens wird; dass umgekehrt die Lebensdimension des vorangegangenen Lebens im nächsten Erdenleben als geistige Orientierung und Bewusstseinsausrichtung wieder auftritt.*

Empfindung und Selbstgefühl sind die gelebte und erlebte Vermittlung und Verbindung beider Seiten und damit das eigentliche Herzgeschehen. Das Herz schlägt aus der Verbindung von Bewusstsein und Leben, selbst die ätherisch-physische Herzbildung der Embryonalentwicklung kann man sich unter diesem Gesichtspunkt verdeutlichen. Die ätherisch-physische Herzentwicklung hängt davon ab, wie sich für dieses Erdenleben die Bewusstseins- und Lebensdimension überschneiden. Das Herz beginnt sich zu bilden und zu schlagen, wenn sich beide Seiten in einer Art lemniskatischen Überkreuzung berühren, wenn für ein neues Erdenleben die Bewusstseinsdimension des vorangegangenen in die Lebensseite des folgenden und die Lebensseite des vorangegangenen in die Bewusstseinshaltungen dieses folgenden Lebens übergehen. Die Gesundheit der ätherisch-physiologischen Herzbildung, aber auch die Gesundheit des Herzgeschehens im späteren Alter hängen davon ab, ob in der Empfindung aus der Kraft, dem Inhalt und der Tiefe dieses Überkreuzungspunktes von Bewusstsein und Leben gelebt werden kann; ob in Empfindung und Selbstgefühl die wirksame individuelle Kraft repräsentiert ist, aus der das Ich sein Bewusstsein und sein Leben in der karmischen Entwicklung, in der biografischen Entwicklung und in der leiblichen Entwicklung prägt.

Der Herzschlag, genauer formuliert der Ruhepunkt zwischen zwei Herzschlägen ist die momentan-aktuelle Situation und Wirklichkeit des Überkreuzungspunktes von Bewusstsein und Leben. Dieser Ruhepunkt zwischen zwei Herzschlägen ist unmittelbar das Jetzt, die Wirklichkeit des Gefühls; und in diesem Jetzt koinzidiert das ätherische Zeitensein, wirkt die karmische Wirklichkeit des Ich und die individuelle Realität des Leibes – die geistige Wirklichkeit des Ich, seine seelische Realität im Gefühlserleben und seine individuell-physische Ausprägung in Gesundheit und Krankheit des Leibes sind in dem Ruhepunkt zwischen den Herzschlägen anwesend. Die Empfindung und insbesondere das Selbstgefühl können so bis in die Herzwirklichkeit hinein als Ausdruck und (zumindest teilweise) Bewusstsein der biografischen, seelischen und karmischen Einlösung des Kreuzungspunktes von Bewusstsein und Leben gelten.[3] Die Vertiefung und das Erwachen für dieses Erleben würden eine Intensivierung karmischen Erlebens im Gefühl bedeuten. Wenn ich im Lebensgefühl präsent bin und in der Empfindung für den Lebensaugenblick erwache, ist karmische Realität anwesend.

So hat die Überkreuzung von Bewusstsein und Leben auch mit der Präsenz des Ich im Lebensaugenblick zu tun: mit der Weite und Tiefe der Empfindung für den anderen Menschen, für die Welt und für sich selbst. Die menschliche Präsenz im Lebensaugenblick kann als die Integration von Bewusstsein und Leben und damit als eine Möglichkeit gelten, in dem Gefühl eine Empfindung für eigene karmische Realität zu entwickeln. Die Vertiefungsdimension dieses Ich-Punktes ist nicht nur Ausdruck momentanen Erlebens, sondern öffnet sich für die karmische Wirklichkeit, setzt nicht nur Vergangenheit in die Gegenwart fort, sondern erschließt im gegenwärtigen Erlebensaugenblick Zukunft. Der Gegensatz von Bewusstsein und Leben, von Wirklichkeit und Deutung, von Gefühl und Realität, von Bewusstsein und Sein wird in diesem heute möglichen

Individualisierungspunkt des Ich tendenziell überwunden. Damit verlässt der Begriff des Karma den Bereich von Deutung und Erklärung und tritt in die Erlebenswirklichkeit ein; damit ist Karma im Selbsterleben des Ich *anwesend*.

Leben entwickelt sich als Bewusstsein, Bewusstsein als Leben

Geistige Höherentwicklung kann an eine Grenze kommen; diese Grenze ist dadurch gekennzeichnet, dass jeder Höherentwicklung auch eine Lebensvertiefung entsprechen muss. Dies gilt auch karmisch: die geistige Entwicklung eines jeden Lebens kommt mit dem Tod an ihre Grenze. Der Tod und die Stufen der nachtodlichen Existenz verwandeln die im letzten Leben erworbenen *geistigen* Voraussetzungen des Ich in *Lebens*kraft. Diese Lebenskraft wird für das folgende Leben eine konstitutionelle Grundlage für die leibliche, seelische und zwischenmenschliche Existenz. Andererseits werden die leiblichen, seelischen und zwischenmenschlichen *Lebens*grundlagen so durchlichtet, dass sie als *Bewusstseins*möglichkeiten der nächsten Inkarnation aus der Verwandlung der Weltenmitternacht[4] hervorgehen. Bewusstseinsmöglichkeiten und Lebensbedingungen ergänzen sich auf diese Weise gegenseitig, werden sich wechselseitig zur Entwicklungskraft. Dies gilt auch für die *Lebens*verpflichtungen gegenüber anderen Menschen: auch sie sind in der gegenwärtigen Inkarnation Grundlage für die Bewusstseinsmöglichkeiten des nachfolgenden Erdenlebens, und die *Bewusstseins*entwicklung des einen Lebens wird ihre Realitätsfähigkeit in den Lebensverpflichtungen anderen Menschen gegenüber in der nächsten Inkarnation erweisen müssen. So lichten sich die Lebensergebnisse zu Bewusstseinsmöglichkeiten auf, während Bewusstseinsentwicklung sich zu Lebensgrundlagen und -verpflichtungen hin vertieft und verdichtet. Lebenssubstanz wird zu Bewusstseinsfähigkeit, vollzogene Bewusstseinsentwicklung zu Lebenssubstanz.

Es ist naturgemäß schwer, genauer zu charakterisieren, was «Leben» und was «Bewusstsein» im Einzelnen bedeutet. Die Unterscheidung ist zuweilen auch nicht einfach zu treffen, und vor allem: sie wird sehr individuell sein, nicht vom einen auf den anderen Menschen zu übertragen. Aber es ist möglich, in sich selbst abzuspüren, wo Unterschiede, Berührungspunkte und Übergänge zwischen Bewusstsein und Leben bestehen. Ich habe Lebensvoraussetzungen, beispielsweise in der Herkunftsfamilie, in der leiblichen Situation, in geografischen Zugehörigkeiten, die meiner gegenwärtigen Entwicklung nicht entstammen und ihr vielfach auch zunächst nicht zu entsprechen scheinen. Auf der anderen Seite hebe ich mich in meinen geistigen Inhalten und Intentionen von meiner Lebensumgebung ab; ich bewege mich geistig in Bereichen, die etwa in meiner Beziehung zu Kindern, mit denen ich lebensbezogen verbunden bin, inhaltlich keine Rolle spielen können. Geistige Inhalte können aber indirekten Einfluss auf meine Lebenssituation und mein Verhalten im Leben haben, indem sie meine Stimmung, meine Gesinnung, meine Aufmerksamkeit und Sensibilität verändern. Aber auch Stimmung und Gesinnung, Aufmerksamkeit und Sensibilität (und auch andere Aspekte meines «Charakters») besitzen Anteile, die nicht nur aus meiner Bewusstseinsausrichtung hervorgegangen sind; vielmehr speisen sie sich auch, bestehen sie auch aus Elementen, die auf meiner leiblichen, sozialen, seelischen Konstitution und damit auf meinen Lebensvoraussetzungen beruhen. – Jedenfalls ist es möglich, allmählich eine sich vertiefende und ausbreitende Empfindung für die Differenzierung und Berührung von Bewusstseinsentwicklung und Lebenssituation auszubilden.

In der Gegenwart ist das Verhältnis von Bewusstsein und Leben, wie es in der geschilderten Weise in die Empfindung eingehen kann, Ausdruck der karmischen Situation des Ich.[5] Diese karmische Empfindung des Ich umfasst das eigene geistige und leibliche Herkommen (Konstitution) und das Selbstbewusstsein des Ich, in dem sich das freie Ich selbst identifiziert. In der Empfindung lebt aber auch die Einsicht, dass sich das Bewusstseins-Ich immer wieder von der Lebensseite der eigenen Existenz her korrigieren muss, damit das Bewusstseins-Ich nicht in die Selbstillusion verfällt. Auf der anderen Seite umfasst diese karmische Empfindung des Ich aber auch die Einsicht, dass sowohl das leiblich-irdische als auch das geistige Herkommen, dass die gesamte Lebensseite der permanenten Korrektur durch das Bewusstseins-Ich bedarf – denn sonst würde Gegenwart nur als Fortsetzung der Vergangenheit entstehen, sonst wäre keine wirkliche Fortentwicklung möglich. Das Herkommen, also das Alte würde sich leiblich, biografisch, seelisch und geistig lediglich prolongieren und schließlich verfestigen, das Ich würde nur in den Wirkungen seiner Vergangenheit existieren. Freiheit wäre also nicht möglich; nur durch das freie Bewusstseins-Ich, das sich jederzeit in der Illusionsgefahr befindet, aber Selbstbestimmung möglich macht, befreit sich das Ich von den Wirkungen seiner eignen Vergangenheit. Diese Freiheit wird zur Wirklichkeit, wenn die Realitätsvoraussetzungen, die im leiblich-irdischen und geistigen Herkommen des Ich liegen und Ihren Ausdruck in der Lebenssituation finden, mit der freien Bewusstseinsseite verbunden werden können.

In der karmischen Empfindung des Ich kann sich dann auch allmählich verdeutlichen, dass die gegenwärtige Lebenssituation aus der Bewusstseinssituation der vergangenen Inkarnation hervorgegangen ist; dass andererseits die gegenwärtige Bewusstseinssituation eine Folge der damaligen Lebensentwicklung darstellt. Und diese neue Eigenempfindung des Ich für seine karmische Situation umfasst auch den Eindruck, dass anders keine Weiterentwicklung möglich wäre, denn eine reine Bewusstseins-, d.h. Seelen- und Geistentwicklung könnte nicht zu einer Vertiefung führen; nur die Lebensvertiefung vorangegangener Bewusstseinsorientierungen in der nächsten Inkarnation lässt dieses frühere Bewusstsein zu einer echten Wirklichkeit werden. Und umgekehrt würden sich die vergangenen Lebensströme stets nur vertiefen, konsolidieren, wie automatisch fortsetzen, wenn sie nicht im Bewusstseinslicht der Folgeinkarnation in den Freiheitsbereich eintreten würden.

Nun kann dem Ich in der karmischen Eigenempfindung auch deutlich werden, dass die Bewusstseinsentwicklung der *vorletzten* Inkarnation sich in einer gewissen Nähe zur Bewusstseinslage der gegenwärtigen Inkarnation befindet; dass damit auch eine nähere Entsprechung zwischen den Lebensebenen der gegenwärtigen und der vorletzten Inkarnation besteht. Ich bin mir selbst im Übergang zur jeweils nächsten Inkarnation ein zunächst völlig Fremder geworden, indem sich meine frühere Lebenslage in eine Bewusstseinslage gewandelt hat (und umgekehrt). Aber über drei Inkarnationen hinweg bin ich mir doch in gewisser Hinsicht wieder nahe gekommen; allerdings nicht in der Weise, dass das Bewusstsein der übernächsten Inkarnation direkt an das der vorletzten anknüpfen würde; auch nicht in der Weise, dass die Lebenssituation der übernächsten Inkarnation mit der vorletzten vergleichbar wäre. Vielmehr liegt ein Erdenleben zwischen beiden, das die Verhältnisse vollständig verändert hat, indem sich die Lebensseite der vorletzten Inkarnation als Bewusstsein, die Bewusstseinsseite der vorletzten Inkarnation als Lebenswirklichkeit weiterentwickelt hat (bei gleichzeitiger grundlegender historischer Veränderung der Erdenverhältnisse). So knüpft die gegenwärtige Inkarnation in ihrem Bewusstsein in bestimmter Weise an die Bewusstseinsentwicklung der vorletzten Inkarnation an, setzt diese aber nicht fort, ist ihr demnach auch nicht ähnlich. Entsprechend knüpft die Lebensentwicklung der gegenwärtigen Inkarnation und Biografie an die Lebenswirklichkeit der vorletzten Inkarnation an, ohne ihr im strengen Sinne ähnlich oder auch nur vergleichbar zu sein. Die dazwischenliegende «mittlere» Inkarnation mit der Überkreuzung beider Linien hat so stark veränderte Verhältnisse auf beiden Seiten geschaffen, dass keine Art von Kontinuität oder Fortsetzung möglich wäre. Aber es besteht doch Anknüpfung, eine geistige Verwandtschaft zwischen der Bewusstseinssituation und der Lebenslage der gegenwärtigen und der vorletzten Inkarnation.

Diese Verwandtschaft kann empfunden werden, wenn sich das Ich dem Verhältnis von Bewusstsein und Leben in der gegenwärtigen Inkarnation nähert. Dann können sich auf der karmischen Empfindungsebene Entsprechungen und Anknüpfungen über drei Inkarnationen hinweg andeuten. Und zwar in der Weise, dass auffällt, wie die Geistesentwicklung einer vergangenen Epoche, mit der man wie durch eine Schicksalsbegegnung zunächst bekannt und dann durch eigene Beschäftigung immer näher vertraut wurde, in der gegenwärtigen Inkarnation grundlegend sowohl für die Bewusstseins- als auch für die Lebensentwicklung wurde. Auf der anderen Seite kann sich dann ansatzweise zeigen, wie in der eigenen gegenwärtigen Lebenssituation und in der biografischen Entwicklung Elemente enthalten sind, die eine geistig erfahrbare Nähe zum Leben in der vorletzten Inkarnation besitzen. Solche Elemente gegenwärtiger Lebensentwicklung können auf den ersten Blick nebensächlich, sogar unwichtig erscheinen; sie entfalten aber untergründig eine starke strukturierende, das Leben formende Kraft. Die Entsprechung auf der Bewusstseinsebene über drei Inkarnationen hinweg lebt sich in dem Verhältnis zur Sprache in irgendeiner Art aus; die Entsprechung auf der Lebensebene dagegen kommt in unscheinbaren «Abweichungen» von Gepflogenheiten gegenwärtiger Zivilisation zum Ausdruck. Auf beiden Gebieten, sowohl in der Beziehung zur Sprache (und Schrift), als auch in den unscheinbaren unzeitgemäßen Lebenshaltungen artikuliert sich nachdrücklich die Individualität. Gerade diese beiden Äußerungsfelder können aus ihrer individuellen Kraft heraus in der ganzen übrigen Existenz prägend wirken, ohne dass sie selbst besonders auffällig hervortreten: in ihnen zeigt sich die Kraft des Ich.

Das Lebensergebnis und die daraus sich ergebenden Entwicklungskonsequenzen der vergangenen Inkarnation liegen in meiner gegenwärtigen Bewusstseinsentwicklung; die Ergebnisse, Kraftwirkungen und daraus sich ergebende Konsequenzen der Bewusstseinsentwicklung der letzten Inkarnation finden sich in meiner gegenwärtigen Lebenslage wieder. So schaffe ich jetzt mit meinem Leben die Grundlagen für eine weitere Bewusstseinsentwicklung in der nächsten Inkarnation, und bereite mit meiner jetzigen Bewusstseinsentwicklung die Fundamente späterer Lebensentwicklung. In diesem Zusammenhang liegt aber auch eine große Gefahr: dass Bewusstsein und Leben sich zu weit trennen – oder dass Bewusstsein und Leben zu sehr identisch werden. Eine Trennung würde bedeuten, dass keine wirkliche Überkreuzung der Linien von Bewusstsein und Leben stattfindet; ihre Identifizierung dagegen würde wirkliche Weiterentwicklung verhindern. So wäre beispielsweise möglich, dass sich die leibliche Entwicklung nicht als Grundlage der Bewusstseinsentwicklung für das Ich eignet, dass der Leib also in Gesundheit und Krankheit Wege geht, die nicht diejenigen des Ich sind. Eine solche Wirkung könnte entstehen, wenn die Bewusstseinsentwicklung der vorangegangenen Inkarnation nicht genügend «leibfähig» werden kann, wenn sie also zu «abgehoben» war. Umgekehrt würde eine zu starke Identität von Bewusstsein und Leben dann entstehen, wenn sich die Bewusstseinsentwicklung der vorangegangenen Inkarnation nicht genügend gegenüber der Lebenslage emanzipiert hat, wenn sie nicht in einer gewissen Freiheit eine Spannung zur Lebenssituation aufbauen konnte.

Aber auch in der gegenwärtigen Inkarnation können beide Gefahren veranlagt werden, wenn beispielsweise im Jugend- und frühen Erwachsenenalter nicht Schritte zur eigenen geistigen Entwicklung unternommen werden. Dann könnte die Bewusstseinssituation ein ständiger Reflex der Lebenssituation bleiben, also nicht die nötige Spannung erzeugen, aus der Entwicklung hervorgehen kann. Andererseits könnte die Ablösung des eigenen Denkens von der realen Lebenssituation dazu führen, dass beide Seiten eigene Wege gehen, die Lebenssituation immer mehr im Unbewussten versinkt, die Bewusstseinssituation damit immer stärker illusionär wird.

Im Fall zu starker Identität beider Seiten würde in einer zukünftigen Inkarnation eine schwache Lebensentwicklung aus der geringen Bewusstseinsaktivität dieser Inkarnation hervorgehen; mit der Lebensentwicklung wären dann auch die Bewusstseinsmöglichkeiten eingeschränkt. Andererseits können aus der zu starken Trennung, ja Parallelführung beider Seiten (ohne wirkliche Überschneidung) in der nächsten Inkarnation Situationen entstehen, die nicht wirklich zu einer Vertiefung vorangegangener Bewusstseinsentwicklung im Leben bzw. zu einer «Erhöhung» früherer Lebensergebnisse im Bewusstseinsbereich führen. Es würde dann nicht so sehr die Gefahr einer gewissen Dumpfheit in der Existenz, sondern eher die problematische Möglichkeit einer nicht realitätsgerechten (eher illusionären) Entwicklung bestehen, die die menschlichen Lebensgrundlagen verlässt.

Der Sinn von Reinkarnation und Karma verwandelt sich

Entwickelt man eine Empfindung für die Überkreuzung von Bewusstsein und Leben als gegenwärtige karmische Entwicklungsdynamik, so kann sich zeigen, dass Reinkarnation und Karma einen anderen Sinn erhalten haben als in der Vergangenheit. Früher war ein Zugang zum Schicksal durch eine rückblickende esoterische Erkenntnis möglich; dies gilt auch für die sogenannten «Karma-Vorträge» Rudolf Steiners aus dem Jahr 1924. Dort zeigt sich zwar ansatzweise schon die Bedeutung der gegenwärtigen Lebenssituation, aber der Erkenntnisblick richtet sich doch zurück, verstärkt durch ein Verständnis geistesgeschichtlicher Entwicklung (beispielsweise von Platonismus und Aristotelismus im Mittelalter).[6] In der Gegenwart kann für das 21. Jahrhundert aus der neuen Existenzsituation des Ich heraus die Gegenwärtigkeit von Reinkarnation und Karma empfunden werden. Denn die Überkreuzung von Bewusstsein und Leben ist für das Gefühl in jedem Lebensaugenblick anwesend. Allerdings tritt das Schicksal in dem Lebensmoment nicht als solches ins Bewusstsein, denn die *Kraft* karmischer Entwicklung lebt sich als die Gefühlskraft, als das Lebensgefühl des Ich aus. Im augenblicklichen Selbstgefühl des Ich lebt *als Kraft* karmische Wirklichkeit, *als Bewusstsein* das Selbstbewusstsein des Ich, das sich im Gefühl erlebt, *als Lebensdimension* die biografische Entwicklungslinie, die sich aus dem Selbstgefühl des Lebensaugenblicks immer neu speisen muss.

Der Lebensaugenblick, die Gegenwart sind nicht einfach

zu greifen; sie sind nicht «etwas», sondern der Berührungspunkt von Zukunft und Vergangenheit. Wird nicht in jedem Moment Zukunft erschlossen, beispielsweise durch Willensintentionen und innere Orientierungen, so entsteht in Wahrheit gar keine Gegenwart, sondern verlängerte Vergangenheit wird mit der Gegenwart verwechselt. Die Gegenwart, der Lebensaugenblick ist in jedem Moment schon wieder vergangen, in diejenige Dimension übergegangen, die im letzten Augenblick noch Zukunft war. Damit ist die Gegenwart von vorhin in der gegenwärtigen Gegenwart bereits Vergangenheit. Das Medium, in dem sich die Berührung von Zukunft und Vergangenheit vollzieht, ist der Lebensaugenblick des Ich, das Selbstgefühl des Menschen. In diesem Selbstgefühl überkreuzen sich in jedem Moment Bewusstsein und Leben; das Selbstgefühl entsteht sogar durch diese Überkreuzung. Das ist auch an der Charakteristik des Gefühls zu erkennen, dass sich ja als *Erleben* in Bewusstsein und Leben differenziert – aber eben nicht als reines Bewusstsein oder als rein unbewusste Lebenssphäre, sondern in der eigentümlichen Mischung von Leben und Bewusstsein, von Kraft und Selbsterkenntnis, die im Selbstgefühl stets anzutreffen ist. Damit ist im Selbstgefühl des Ich in jedem Moment Karma vollständig anwesend, aber eben nicht in die Dimensionen von Gegenwart, Zukunft und Vergangenheit differenziert, sondern in der Einheit des Ich und der Zeit im Lebensaugenblick.

Damit hat der Sinn von Reinkarnation und Karma eine (tendenzielle) Verwandlung von der *Erkennbarkeit* (durch Erkenntnis von Vergangenheit), zur *Lebbarkeit* (im Selbstgefühl des Ich) vollzogen. Das Selbstgefühl, in dem sich Hegel zufolge alle Einzelgefühle und auch die Empfindungen der Welt gegenüber integrieren,[7] erhält dadurch eine neue, immense Bedeutung. Dieses Selbstgefühl ist nicht nur «subjektiv», sondern es gehen die Weltverhältnisse, die menschlichen Beziehungen, die Tätigkeiten des Menschen in jedem Moment in das Selbstgefühl ein. Aus dem Selbstgefühl im Lebensaugenblick heraus lässt sich die Dimension karmischer Vergangenheit entwickeln. Es gilt aber nicht das Umgekehrte, dass eine Vergangenheitseinsicht den Lebensaugenblick erhellen könnte. Dies wäre nur dann möglich, wenn der Lebensaugenblick selbst zunächst den Blick auf diese Vergangenheit freigegeben hat; mit anderen Worten: wenn das Ich im Lebensaugenblick in seinem Selbstgefühl vollständig anwesend ist.

Vollzieht man diesen Übergang im Verständnis von Reinkarnation und Karma heute nicht, so besteht die Gefahr der Fixierung eines früheren Schicksalsverständnisses. Die Gefahr könnte dann darin bestehen, dass, gleichsam aus einer Orientierungsgewohnheit heraus, permanent der Blick zurückgerichtet wird, dass also Erkenntnisgebärden der Vergangenheit nachgeahmt werden. Auf der anderen Seite besteht die Gefahr der Illusion, wenn ein unmittelbares «karmisches Erleben» mit der Wirklichkeit verwechselt wird. Ein solches «karmisches Erleben», d.h. Gefühlseindrücke oder andere Intensitäten, die auf eigene karmische Vergangenheiten zu weisen scheinen, in die man sich «zurückversetzt» fühlt, löst sich ja von der Lebensgegenwart des Ich ab, in der heute karmische Wirklichkeit anzutreffen ist. Die Unmittelbarkeit sogenannter «karmischer Erlebnisse» kann schon an der ersten Schwelle geistiger Wirklichkeit scheitern, nämlich an derjenigen zur ätherisch-elementaren Welt. Denn von dieser Schwelle an gilt das Gesetz, dass Sein und Schein zunächst nicht zu trennen sind, dass ähnlich wie im Traum scheinbare und reale Wirklichkeit eine einheitliche Existenzschicht bilden. Man kann im Traum auch träumen, erwacht zu sein – und man träumt trotzdem weiter. In ähnlicher Weise muss ein Erleben an oder jenseits der Schwelle zur ätherisch-elementarischen Welt zunächst in einen anderen Wirklichkeitszustand überführt werden (ähnlich wie man erwachen muss, um den Realitätsgehalt eines Traumes wirklich einschätzen zu können).

In der Gegenwart koinzidieren im Lebensgefühl des Ich die Dimensionen von karmischer Vergangenheit, Gegenwart und Zukunft. Dies war in vorangegangenen Epochen der Menschheitsentwicklung nicht möglich, weil das Selbsterleben des Ich noch nicht den Individualisierungsgrad erreicht hatte, der eine Folge von (oft unbemerkten) *Lebens*wirkungen der Anthroposophie im Verlauf des 20. Jahrhunderts werden sollte. Erst die Lebenswirkungen der Anthroposophie aus dem Werk Rudolf Steiners haben für das Ich den Grad der Selbstemanzipation herbeigeführt, der das Lebensgefühl, die unmittelbare Lebensgegenwart des Ich in Identität mit der karmischen Wirklichkeit geführt hat. Damit fällt in das Lebensgefühl auch eine bestimmte Dimension derjenigen Wirklichkeit, die im Werk Rudolf Steiners als Weltenmitternacht bezeichnet wird.[8] Unter der Weltenmitternacht kann der Umschlagspunkt verstanden werden, an dem in der geistigen Existenz des Ich zwischen zwei Erdenleben die Folgen des vorangegangenen Lebens in die Vorbereitung der nächsten Inkarnation übergehen. In diesem Moment überkreuzen sich die Linien von Bewusstsein und Leben wie in einer lemniskatischen Bewegung: die Lebenslinie der letzten Inkarnation wird zur Bewusstseinsausrichtung der folgenden, die Bewusstseinsentwicklung der letzten Inkarnation zur Lebensgrundlage der nächsten. Hier sind in der karmischen Entwicklungsdimension des Ich Bewusstsein und Leben für einen Moment identisch; diese Identität wiederholt sich in der Gegenwart für jede einzelne Lebenssituation im Selbstgefühl des Ich. Das Erwachsenwerden kann so unter der Perspektive betrachtet werden, dass das Ich, das sich aus Kindheit und Jugend heraus selbst gewahr wird, sich zu einer solchen Objektivität des Selbstgefühls hinentwickeln kann, dass das Selbsterleben zu einer karmischen Realität, zur Identität mit dem Schicksal werden kann.

Aus einer solchen Lebenshaltung und -empfindung heraus kann auch nachvollziehbar werden, dass ein solches Lebensgefühl des Ich nicht nur karmische, sondern auch Herzensobjektivität erreicht. Das Herzgeschehen entspricht nämlich in gewisser Hinsicht der Schicksalsidentität des Lebensaugenblicks und der karmischen Dimension von Weltenmitternacht. Die Bildung des Embryos geht vom Herzgeschehen aus; das Herz nimmt als leibliches Organ die Überkreuzung von Bewusstsein und Leben als Motiv der neuen Inkarnation auf, und die Leibbildung beginnt von diesem Punkt aus. Im Herzschlag ist die karmische Intention und damit das Lebensmotiv als Lebensgeschehen in jedem Lebensaugenblick anwesend, denn die Bewegung des Herzens korrespondiert mit dem Selbstgefühl des Ich im Lebensaugenblick. Man kann durchaus den Herzschlag als den organischen Ausdruck der Überkreuzung von Bewusstsein und Leben ansehen und dann bemerken, dass diese Überkreuzung im Herzorgan die Grundlage und Bildungs- wie Erhaltungskraft des Leibes ausmacht.[9]

Im Herzschlag ist der Lebensaugenblick in seiner karmischen Dimension genauso anwesend wie das Motiv zur gegenwärtigen karmischen Leibesentwicklung als Grundlage der Ich-Entwicklung. Leiblich-organisch gesehen besteht der Lebensaugenblick des Ich, der sich seelisch im Selbstgefühl zeigt, in der Pause zwischen zwei Herzschlägen; diese Pause kann als Überkreuzung der Linien von Bewusstsein und Leben gelten, somit als das eigentliche Lebensmotiv und die Lebenskraft des Ich, die sich im Herzgeschehen selbst ihre leibliche Grundlage schafft. Das Herz kann als Organ, als innere leiblich-organische Sensorik für den Berührungspunkt für Bewusstsein und Leben, von unbewusst-natürlich-lebensbezogener und bewusst-seelisch-ich-orientierter Entwicklung gelten. Die Entwicklung des Herzens beginnt beim Mensch für das menschliche Ich aus der Lebensintention der Weltenmitternacht heraus und nimmt mit der Geburt die Gestalt des eigenständigen, individuellen und damit ich-haften Organismus an. Im irdischen Leibesorganismus kann sich das Ich im Herzgeschehen einen dauernden Ausdruck der karmischen Identität des Ich in seinem eigenen Selbstgefühl bilden – genauso wie das Herzgeschehen seinerseits die Grundlage für ein solches (heute mögliches) Selbstgefühl des Ich in der irdischen Existenz bildet.

Durch die Lebenswirkung der Anthroposophie aus dem Werk Rudolf Steiners für das 20. Jahrhundert und durch die Wirkungen der menschheitlichen Ereignisse im 20. Jahrhundert hat das Ich die eben angedeutete Verwandlung vollzogen. Es kann sich nun nicht mehr selbst «reinkarnativ» erkennen; d.h. die Erkenntnis des Ich stellt nicht mehr eine vergangene Wirklichkeit fest, die auf die Gegenwart schließen lässt oder diese Gegenwart «deutet». Vielmehr hat das Denken, hat die Erkenntnis des Ich selbst Realitätscharakter und realisierende Wirkung – aber nicht allein in ihrem Erkenntnisinhalt, sondern in ihrer Kraftwirkung auf das Ich. Denn das Ich, das durch Denken und Erkennen eine Verwandlung der eigenen Gefühlssituation durchmacht, qualifiziert dadurch das Selbstgefühl gleichsam zur karmischen Wirklichkeit hin. Eine solche Entwicklung ist im Reinkarnationsbegriff Rudolf Steiners zwar durchaus angelegt, aber in der damaligen Zeit noch nicht wirklich greifbar, da noch nicht einlösbar gewesen.[10] Karma-Erkenntnis wird somit zunehmend zu einem Vorgang von Selbstidentifikation des Ich im Selbstgefühl. In diesem neuen Selbstgefühl ist die karmische Vergangenheit anwesend, aber eben zunächst nicht als «Bild» oder Erkenntnisinhalt der Vergangenheit, sondern in jenem Kraften des Bewusstseins und in jener bewussten Kraft, die das Gefühl ausmacht.

Betrachtet man das Verhältnis von Bewusstsein und Leben über mehrere Inkarnationen hinweg genauer, so ergibt sich eine Differenzierung: Die gegenwärtige Bewusstseinssituation geht nicht einfach durch eine Metamorphose aus inkarnativ vorangegangenen Lebenswirkungen hervor; vielmehr finden die Lebensverhältnisse der vorangegangenen Inkarnation in der folgenden selbstverständlich auch eine Fortsetzung: Menschen begegnen sich beispielsweise wieder, knüpfen in ihren Lebensverhältnissen an das Vorangegangene an. Aber diese Weiterentwicklung in der nächsten Inkarnation ist nicht einfach eine Fortsetzung, sondern eine echte Verwandlung, die sich durch die Bewusstseinslage der vorangegangenen Inkarnation ergibt. Die Lebensverhältnisse knüpfen also nicht einfach aneinander an, sondern sie erfahren eine Modifikation durch die Bewusstseinsentwicklung des letzten Erdenlebens; von hier aus werden die Lebensverhältnisse karmisch weiter gebracht und impulsiert.

Auf der anderen Seite schließt selbstverständlich auch die Bewusstseinsentwicklung des gegenwärtigen Erdenlebens an diejenige der letzten Inkarnation an. In diesem Sinne findet auch eine Art Weiterentwicklung als Fortsetzung statt, natürlich unter denjenigen Bedingungen, die durch die neuen Weltverhältnisse gegeben sind. Diese Anknüpfung auf der Bewusstseinsebene wird aber durch die heutige Lebenssituation neu impulsiert, modifiziert, zu anderen Ufern gebracht. Während also die Lebensverhältnisse über zwei Inkarnationen durch die Bewusstseinsentwicklung des *vorangegangenen* Erdenlebens verändert werden, wird die Bewusstseinsentwicklungen über zwei Inkarnationen hinweg durch die Lebenssituation des *gegenwärtigen* Erdenlebens neu impulsiert. Die «lineare» Lebensentwicklung wird demnach von der früheren Erkenntnisentwicklung, die «lineare» Bewusstseinsentwicklung von der *gegenwärtigen* Lebenssituation modifiziert. Wiederbegegnungen von Menschen sind also durchaus Lebensfolgen, werden aber entscheidend karmisch durch die im letzten Leben vorangegangenen Bewusstseinsentwicklungen der beiden Menschen metamorphosiert. Auch der geistige Weg in der nächsten Inkarnation knüpft an die vorangegangenen an, aber es käme keine wirkliche Weiterentwicklung zustande, wenn nicht die gegenwärtigen Lebensverhältnisse (die ja auch aus den vorangegangenen Bewusstseinsverhältnissen stammen) nicht mehr metamorphosierend eingreifen würden.

Damit kann für eine Erkenntnis und auch für eine innere Haltung gegenüber Reinkarnation und Karma deutlich werden, dass die Lebensseite der vorangegangenen Inkarnation in der gegenwärtigen nicht weiterexistieren kann – es gibt sie nicht mehr. Die Bewusstseinsseite der vorangegangenen Inkarnation kann in der Gegenwart dagegen durchaus repräsentiert sein, es gibt sie noch, beispielsweise als geistesgeschichtliche Überlieferung aus jener Zeit. Bewusstsein entwickelt sich demnach durch gegenwärtiges Leben weiter, Leben durch vergangenes Bewusstsein, das heute (im Unterschied zum Leben) in irgendeiner Form gespiegelt oder überliefert präsent sein kann. So begegnen sich karmisch immer gegenwärtiges und vergangenes Bewusstsein und gegenwärtiges Leben; es gibt aber keine direkte Begegnung mit vergangenem Leben im gegenwärtigen. Hier liegt auch eine große Täuschungsmöglichkeit von Reinkarnationserlebnissen – vergangene Lebensrealität ist in der Gegenwart gar nicht zu greifen, sie ist nicht lebensmäßig präsent, denn sie ist mit dem Leben der letzten Inkarnation vergangen. Im gegenwärtigen Bewusstsein und Erleben, ja auch im gegenwärtigen Leben ist demgegenüber nicht das vergangene, sondern das zukünftige Leben jetzt anwesend, natürlich nur als Keim, in den Intentionen, den Willensausrichtungen, den gedanklichen Zukunftsantizipationen. Die Lebenssituation der vorangegangenen Inkarnation ist Bewusstsein geworden, kann nicht als Leben und nicht als Erleben von Leben gegenwärtig präsent sein.

Der hier geschilderte Entwicklungszusammenhang gilt selbstverständlich nicht als Theorie, sondern nur in dem feinen Erkennen-Erleben der entsprechenden karmischen Empfindung. Die Beziehungen von Bewusstsein und Leben im Schicksalszusammenhang sind fraglos kompliziert. Beide Seiten können nicht einfach unterschieden, sondern nur in der karmischen Empfindung nuanciert und differenziert werden. Die vorangegangene Lebenssituation ist *Träger* der gegenwärtigen Bewusstseinslage; aus entgegengesetzter Perspektive zeigt sich, dass sich die damalige Bewusstseinslage durch die gegenwärtige Lebenskraft weiterentwickelt – sonst würde das Bewusstsein, würden Erkenntnis, Selbsterkenntnis und Menschenverständnis mit jeder Inkarnation älter, müssten sich sklerotisieren. Andererseits würden die Lebensverhältnisse, wenn sie inkarnativ jeweils nur linear aneinander anschließen würden, in reinen Vergangenheitswirkungen bleiben; sie müssen also durch die Bewusstseinskräfte stets neu impulsiert und damit auch neu verursacht werden.

So findet durch die früheren Lebensverhältnisse eine permanente Ätherisierung und Verlebendigung des Erkenntnis-Bewusstseins-Bereichs statt. Umgekehrt werden die Lebensverhältnisse und die konstitutionell-leiblichen Lebensvoraussetzungen durch die vergangenen Bewusstseinskräfte in der gegenwärtigen Inkarnation jeweils neu «geschaffen», also ebenfalls verlebendigt, aus ihren eigenen reinen Vergangenheitswirkungen emanzipiert. Dabei handelt es sich jedoch weniger um eine Ätherisierung, sondern eher um eine «Astralisierung» und um eine gewisse «Intellektualisierung», d.h. die Lebenskräfte werden mit Erlebnis- und Bewusstseinskraft durchsetzt. Nur durch solche Wechselwirkungen können Leben und Bewusstsein lebendig bleiben – das gilt selbstverständlich auch in *einer* Inkarnation.

Hier unterscheidet sich das menschliche Ich vom Engel und vom Tier. Beim Engel ist Leben immer gegenwärtiges Bewusstsein und Bewusstsein immer gegenwärtiges Leben: der Engel ist, was er denkt, und er denkt, was er ist – entsprechend dem alten spirituellen Prinzip «In geistigen Bereichen sind Denkendes und Gedachtes ein und dasselbe». So unterliegt der Engel nicht dem typisch menschlich-irdischen Entwicklungsprinzip, das gerade aus der Metamorphose, aus der lemniskatischen Umkehrung, aus dem Nullpunkt der Weltenmitternacht und des gegenwärtigen Herzschlages seine Entwicklungsimpulse holt. Dies ist nur möglich, wenn Bewusstsein und Leben über die Inkarnationen hinweg sich überkreuzend wirken. Das Tier kann hier noch weniger vergleichend herangezogen werden, weil ihm diejenige Kraft fehlt, die Identität und Kontinuität auch im stärksten Wandel und Widerspruch herstellen könnte; diejenige Identität, die sich selbst auch im Unterschied, Gegensatz und in der Begegnung mit sich selbst findet, in der ich mir selbst als Fremder in der nächsten Inkarnation gleichsam gegenüberstehe – in dieser Fähigkeit zur Identität besteht die Ich-Kraft, die dem Tier fehlt.

Diese Form der karmischen Ich-Identität des Menschen ist risikoreich, stets gefährdet wie jede wirkliche Entwicklung. Gerade im Übergang des 20. zum 21. Jahrhundert und *nach* der Anthroposophie im Lebenswerk Rudolf Steiners zeigen sich diese Risiken und Probleme der Individualität in ihrer karmischen Entwicklung: Wer ist in der Lage, die immer gegebene Unsicherheit, in gewisser Hinsicht auch Überspanntheit und Abgehobenheit des Denkens und der Erkenntnis als Grundlage der Lebensentwicklung mit ins nächste Erdenleben zu nehmen? Wer kann die überaus prekäre Bewusstseins-Lage wirklich inkarnativ zur Lebensentwicklung metamorphosieren? Wer vermag in der gegenwärtigen Lebenssituation vorangegangene Bewusstseinsschritte zu reidentifizieren? Wer kann in der überintellektualisierten Bewusstseinssituation der Gegenwart vergangene *Lebens*wirklichkeiten erkennen? Wer bringt die Kraft auf, in seinem Selbstgefühl Intellektualität und Existenzialität zur Identität des Karma zu vereinigen? Gerade in der Gegenwart, ungefähr einhundert Jahre nach der Wirksamkeit Rudolf Steiners für die Anthroposophie zeigen sich diese Schwierigkeiten in besonderer Weise. Denn die Gegenwart hat es auch inkarnativ mit den Lebenswirkungen des anthroposophischen Inhalts aus dem Beginn des 20. Jahrhunderts zu tun. Gelingt es, diesen früheren geistigen Inhalt heute in seiner verwandelten Form als Lebenswirklichkeit zu bemerken – gerade dann, wenn er sich nicht in anthroposophischen Begriffen und Berührungsfeldern zeigt? Wie ist es umgekehrt möglich, in der Gegenwart die subtilen Bewusstseinswirkungen damaliger Lebenswirklichkeit zu sehen – gerade dann, wenn man eigentlich auf die Folgen einer inhaltlich-geisteswissenschaftlichen Entwicklung aus dem Beginn des 20. Jahrhunderts blicken möchte?

Karma zeigt sich nicht als Vergangenheitserleben

Das Ich inkarniert sich in diesem Erdenleben in eine neue ätherische Lebensschicht hinein; dort beginnt es allmählich, sich als geistiges Wesen auf der Erde zu identifizieren. Dieser Vorgang ist spirituell und existenziell zugleich, verbindet ein geistiges Aufwachen mit einer neuen Lebenssituation. In der ätherischen Lebensschicht kommen also diesseitige und jenseitige Welt nahe zusammen, und geistige Einsicht ist nicht mehr unabhängig von der eigenen Lebenssituation zu sehen. Entwicklung im Leben heißt geistige Entwicklung, und geistige Entwicklung heißt Entwicklung im Leben.

Die irdische Inkarnation durch vorgeburtliche Vorbereitung, Geburt und Erdenbiografie erhält ein neues Element, indem sich die Lebens- und die Geistesentwicklung zu einem neuen Inkarnationsprozess verbinden. Erst darin kann sich das Ich als geistiges Wesen identifizieren: der neue Inkarnationsprozess führt also zu einem geistigen Identifikationsvorgang des Ich, aber in einem Erleben, das geistige Einsicht und Lebenssituation verbindet. In dieser Wirklichkeitsschicht kann sich dann *Reinkarnationsbetrachtung als ein Reidentifikationsvorgang* erweisen: die Erkenntnis vorangegangener Inkarnationen wird zu einem Erleben gegenwärtiger Wirklichkeit, deren karmische Entwicklungsvoraussetzungen in dem Erleben erst deutlich werden.

Was ist damit gemeint? Das Ich stellt erst die Erlebnisgrundlagen für Einsichten in Reinkarnation und Karma *in der Gegenwart* her. Es macht sich selbst in dem neuen Erleben erkenntnisfähig, aber nicht dadurch, dass es geistige oder hellsichtige Einsichtsmöglichkeiten herstellt bzw. erweitert, sondern indem es eine Erlebnisschicht betritt oder aufbaut, in der Sein und Bewusstsein unmittelbar zusammen liegen. In gewisser Weise tauschen Sein und Bewusstsein sogar die Positionen: in dem neuen Erleben zeigt sich eine Wirklichkeit, von der die gegebene Realität immer mehr eine Art Abbild zu sein scheint.

Das gegebene Sein zeigt sich tendenziell und zunehmend als Bild, als Verbildlichung des neuen Erlebens – und nicht umgekehrt. Damit werden in dem Erleben gegebene Einsichten zu einem Sein, im Hinblick auf das die vorfindliche Realität eher Bildcharakter besitzt. Diese Formulierung ist zu eindeutig, zu stark, weist aber in die richtige Richtung: Man bemerkt, dass die gegebene Realität nicht für sich selbst spricht, sondern ihre Substanz und ihren Zusammenhang erst von dem neuen Erleben her erhält. Damit erscheint das erlebende Bewusstsein nicht als Wirkung oder Funktion von Wirklichkeit, sondern die Wirklichkeit erweist sich immer deutlicher als Element dieses erlebenden Bewusstseins – Sein und Bewusstsein kommen in ein anderes, viel näheres Verhältnis.

In dem neuen Erleben zeigt sich die Wirklichkeit als Bild, Verbildlichung und *Realisierung* der Erkenntnis, wenn das Sein in dem Erleben des Ich in der angedeuteten Weise empfunden werden kann. Das Sein steht dann deutlich mehr in der Kraftwirkung der Erkenntnis, die Erkenntnis erhält Kraft, Wort-Kraft, und prägt sich in der Empfindung immer mehr als Wirklichkeit und in der Wirklichkeit aus.

Das Geistselbst-Bewusstsein des Engels hatte Sein und Bewusstsein, Selbsterkenntnis und Welterkenntnis verbunden. Die neue Erlebnisschicht des Ich stellt für die Empfindung eine ähnliche Wirklichkeit her: Individualität und Realität kommen näher zusammen, das Ich zeigt sich als Entwicklungskraft in der Wirklichkeit und in der elementaren Welt. Die Nähe von Sein und Schein war in der esoterischen Überlieferung immer eine Charakteristik des ersten Gebietes jenseits der Schwelle, die Nähe also von Erkenntnis und Wirklichkeit wird hier also für das Ich in dem Erleben Realität. Dieser Bereich von Sein und Schein in der Durchdringung von Bild und Kraft, Welt und Bewusstsein ist in der älteren Überlieferung als (griechisch) Doxa und (lateinisch) Gloria bezeichnet worden. In einem solchen Erlebnisbereich verflüssigt heute das geistselbst-fähig werdende Ich die Wirklichkeit zum Schein hin, und es verdichtet den Schein, das Erleben zur Wirklichkeit hin – die Welt beginnt sich zu ätherisieren.

Das Ich trägt seine eigene Kraft in die Realität hinein. Die Ich-Form hat es ursprünglich im intellektuellen Denken ausgebildet, und die Erfahrung des Denkens von neuen Zusammenhängen begründet letztlich das neue Erleben. Diese Empfindung wird also nicht durch Denken erklärt oder gedeutet, sondern das Denken selbst bringt ein Erleben hervor. Die Ich-Kraft, die das Ich ursprünglich im Denken angewendet hat, trägt es nun in dem Erleben in die Wirklichkeit hinein. Es handelt sich um eine Kraft, die in der Wirklichkeit prägend wird.

Dann empfindet das Ich Reinkarnationseinsichten nicht mehr als rückblickende Erkenntnisse, sondern als Empfindungselement im Sein, das selbst immer mehr Erkenntnischarakter erhält. In dem Erleben ist Vergangenes in der Gegenwart anwesend, und das gegenwärtige Erleben strahlt in die Vergangenheit hinein. Es wirkt dort aber nicht nur erleuchtend, sondern bringt die Ich-Form in die Vergangenheit, qualifiziert diese Vergangenheit als Entwicklungsschritte des Ich. Gleichzeitig wird deutlich, dass eine Reinkarnationserkenntnis ohne Einbettung in das neue ätherisierende Erleben die Ich-Form entbehrt, also leicht in einem täuschungsanfälligen Abbildcharakter befangen bleibt. Das karmisch frühere Ich ist in der jetzigen Konstitution des Menschen *gegenwärtige* Wirklichkeit geworden.

Die Individualität, die seit dem Mittelalter stark mit der Intellektualitätsentwicklung verbunden ist, begegnet sich heute im Denken, im Umgang mit der Begriffsbildung (auch wenn das Denken und die Begriffsverwendung nicht als Selbstbegegnung des Ich im Bewusstsein repräsentiert ist). Die eigene seelische und leibliche Konstitution wird oft nicht als Wirkung von Ich-Tätigkeit empfunden, und sie unterliegt zunächst auch nicht gegenwärtigen Ich-Aktivitäten, von psychosomatischen Langzeitwirkungen abgesehen. In der angedeuteten neuen Erlebnisschicht verbinden sich nun beide Ich-Aspekte: der konstitutionelle als Ausdruck karmisch mitgebrachter Ich-Voraussetzungen und der im Denken gegebene Intellektualitätsbereich des Ich als aktive Ich-Betätigung. Nur tritt die Verbindung nicht als leiblich-seelisch konstitutionelle Voraussetzung, auch nicht als Element des Denkbewusstseins, sondern als Bereich dazwischen, nämlich als Empfindungswirklichkeit auf.

Das Denken, das im Unterschied zu Gefühlen für die Individualität oft nicht so relevant erscheint, und die Konstitution, die für das aktive Ich meist nicht unmittelbar erreichbar erscheint, kommen in einer *gegenwärtigen* und damit lebendigen karmischen Wirkung zusammen, und zwar in einer Gefühlsschicht, die über alle bisherigen Empfindungserfahrungen hinausgeht. Es handelt sich dabei um ein Erleben, das aktiv und passiv zugleich ist, also die Ich-Aktivität des Denkens mit der Ich-Passivität des eigenen konstitutionellen Gegebenseins verbindet.

Damit befreit sich das konstitutionell Gewordene in gewisser Weise durch die neue Empfindung, also durch eine indirekte Resonanzwirkung begrifflichen Denkens – ein karmisches Geschehen innerhalb des gegenwärtigen Erlebens, nicht erst in Verbindung einer vergangenen Inkarnationssituation! Diese karmische Wirkung wird nur deshalb so schwer bemerkt, weil die Wirkung des Trägers der Individualität, also des begrifflichen Denkens keine direkte ist, nicht mit den Inhalten des Denkens unmittelbar zusammenhängt, sondern zeitlich wie inhaltlich mittelbar erfolgt. Zudem tritt die Resonanzwirkung in einem Bereich auf, der als Empfindung seinen Zusammenhang mit der eigenen Denkhaltung nicht ohne weiteres zu erkennen gibt. Die Empfindung ist eine Wirkung des Denkens, aber nicht inhaltlich, sondern insofern das Denken Ausdruck der Ich-Individualität ist.[11]

Es ist nahe liegend, dass in einer solchen Gefühlsschicht auch die zwischenmenschlichen Beziehungen anders erlebt werden. Man könnte mit der auf diesen Gebieten notwendigen Vorsicht sogar formulieren, dass in dem neuen Erleben zwischenmenschliche Beziehungen in ihrer karmischen Wirklichkeit empfunden (d.h. noch nicht unbedingt erkannt und verstanden) werden können. Diese Erlebnisschicht legt indirekt die Kraftwirkung des individuellen Geistes in zwischenmenschlichen Verhältnissen und Empfindungen frei. Ein in einer früheren Inkarnation angelegter zwischenmenschlicher Verständniszusammenhang wirkt in der gegenwärtigen Inkarnation als zwischenmenschliche Gefühlsbildung. Mit anderen Worten: Ich habe früher einmal erkannt, was der andere geistig wollte; dieses Verständnis wird nun zwischen uns beziehungs- und gefühlsbildend. Oder der Andere hat eine geistige Intention in mir bemerkt, erkannt, erlebt; diese frühere Erkenntnis wird nun in der gegenwärtigen Inkarnation für unsere Beziehung karmisch wirksam. Die Kraftwirkung des verstehenden und denkenden individuellen Geistes wirkt also über die eine Inkarnation hinaus in die Empfindungs- und Beziehungsschicht der nächsten Inkarnation hinein. Kann diese Erlebnisdimension jetzt betreten werden, dann befreit sich das zwischenmenschlich (sozial) Wirklichkeit Gewordene durch eine neue, freie Gefühlsbildung in dem früher, d.h. in der vergangenen Inkarnation angelegten Verständnis. Ähnlich kann sich das gegenwärtig konstitutionell Wirklichkeit Gewordene in dem heute möglichen ätherischen Erleben «befreien», also als Kraftwirkung des individuellen Geistes aus einer vorangegangenen Inkarnation heraus deutlich werden.

Die neue Erlebnisschicht basiert auf einem heute veränderten Verhältnis von eigener konstitutioneller und eigener geistiger Situation. Sie bezieht basale Lebensbereiche mit ein, die ihre karmische Herkunft sonst verdeckt halten. Damit wird diese Erlebnisschicht zu einer Bewusstseinsform für das Ich an der karmischen Schwelle, eine Art Empfindungsorgan des Ich für Lebens- und karmische Schwellenbereiche. Was dann in der Empfindung auftritt, ist nicht nur persönlicher Innenzustand, sondern wirksame Kraft der Individualität. Das neue Erleben ist in ähnlicher Weise auch eine individuelle Bewusstseinsform für Beziehungszusammenhänge, die sonst nicht bewusstseinsfähig wären.

Dieses Bewusstsein drückt sich unter anderem auch in einer Selbstempfindung von Bescheidenheit aus. Indem hier die Integration von Leib und Bewusstsein, von Konstitution, Individualität und Karma gespürt wird, verliert das Selbstgefühl die hochtrabenden Ansprüche und Inhalte, die normalerweise aus seiner Reduzierung auf das Ich-Empfinden der gegenwärtigen Inkarnation resultieren. Die Bescheidenheit verbindet sich wirklich mit dem Selbstgefühl und ist insofern weder Moral noch Charaktereigenschaft, sondern eine Herzempfindung, die jeweils nur situativ entstehen kann. Sie stellt sich dar als das neue Ich-Gefühl, als eine Wirkung der Gegenwärtigkeit von Karma im Erleben, als Wirkung der Sensibilität für den anderen Menschen und als eine Selbstempfindung, die im Gespür für das eigene geistige Herkommen keine Selbstbestärkung durch intensiviertes Selbsterleben benötigt.

Im Schatten individualisiert sich das Licht

Eine ältere Engelanschauung, an die Thomas von Aquin im 13. Jahrhundert anschließt, spricht von der Erkenntnis der *Engel* am Morgen und der Erkenntnis der Engel am Abend.[12] Hier spiegelt sich an dem Engel als Geistselbst-Wesen eine erlebte Verbindung von Natur und Geistwirksamkeit, die in dem alten Begriff *Natura* zusammengefasst werden kann. Heute kann das Verhältnis von Morgen und Abend, von Licht, Dämmerung und Dunkelheit auch auf die Ich-Individualität *des Menschen* bezogen werden. Dabei ist entscheidend zu bemerken, dass in der christlichen Überlieferung und in der Darstellung des Thomas nicht einfach vom Morgen und vom Abend, vom Morgenlicht und vom Abendlicht die Rede ist, sondern gleichzeitig von der entsprechenden *Erkenntnis* des Engels. Das erkennende bzw. erlebende Subjekt (der Engel) und das erkannte bzw. erlebte Objekt (der Tageslauf) und die Dinge am Morgen und am Abend werden also nicht getrennt: es wird nicht das erkennende Subjekt, der Engel, «an sich» oder «für sich», und es wird nicht das Objekt, die Dinge am Morgen oder am Abend «an sich» isoliert betrachtet. Es ist wichtig, diese Grundperspektive auch in der Gegenwart für das Verhältnis des erkennenden und erlebenden Menschen zur Natur und zu den Dingen in der Welt beizubehalten.

Am Morgen erkannte der Engel die Dinge im Logos, im göttlichen Wort, in Christus; am Abend erkannte er die Dinge in sich selbst. Ein Erkennen und Erleben im Morgengeschehen wäre dann nicht die Beleuchtung des Einzeldings wie am Abend, sondern das Aufgehen aller Dinge im Licht, also ein

Aufgehen des Einzelnen im Allgemeinen. Am Abend geht das Objekt ganz ins Subjekt über; der erkannte Gegenstand und damit alle Dinge der Welt gehen in die Individualität ein. Nun aber, am Morgen, findet sich das Ich in der Welt, in der Sonne, im Logos wieder – es ist in die Objektivität übergegangen. Die Wirklichkeit wird jetzt zum göttlichen Wort, während am Abend das Wort Wirklichkeit geworden ist. Das Wort, der Logos zieht im Abendlicht in den beleuchteten Gegenstand ein; am Morgen durchdringen Licht und Logos den Gegenstand, er geht in ihnen auf, wird vom Licht durchsetzt. Das Licht löst am Morgen den Gegenstand im Licht auf, am Abend wird das Einzelding vom Licht beleuchtet, betont und damit gegenüber und aus der Umgebung hervorgehoben. Der Abend konturiert den Gegenstand scharf, in seiner speziellen Beleuchtung wirft der abendliche Gegenstand scharf konturierte Schatten; am Morgen ist er vom Licht durchsetzt und muss erst allmählich wieder beginnen, sich in seiner Eigenrealität aus dem Licht heraus zu gewinnen; der Gegenstand ist am Morgen wesentlich noch eins mit der Umgebung.

Nimmt man nun das erkennende Ich hinzu, das diese Bewegungen der Gegenstände und der Welt miterlebt, so ergibt sich: Betrachte ich die Welt im Morgenlicht (selbstverständlich ist diese Betrachtungsart nicht nur am Tagesverlauf festzumachen), so gehe ich tendenziell und prinzipiell ins Allgemeine, in die geistige Welt als der allgemeinen Quelle des Lichtes ein.[13] Am Abend dagegen individualisiert sich die geistige Welt *durch die Dinge* in mir. In dem abendlichen Erleben des beleuchteten Gegenstands kann die Beziehung zur anderen (vielleicht verstorbenen) Individualität hervortreten, und auch ich selbst erlebe mich in diesem Welt- und Beziehungserleben stärker in meiner Individualität. Dagegen befinde ich mich am Morgen stärker im Bereich *aller* (vielleicht verstorbenen) Individualitäten, indem ich in den allgemeinen Licht- und Geistesraum eintrete. Die Erfahrungen, die ich am Morgen einer so gedachten sinnlich-übersinnlichen, reellen wie ideellen Tagesentwicklung mache, schaffen am Morgen für alle Individualitäten die stärkenden Individuationsvoraussetzungen für den Abend. Die Kraft, die am Abend in der eigenen Individualisierung aufgebraucht wurde, kann am Morgen regeneriert werden, indem das Ich sich im allgemeinen Geisteslicht befindet.

Am Morgen lebt das Ich durch die geistige Welt – wobei dieser «Morgen» aber nicht nur vom Tageslauf her verstanden werden kann, sondern jede natürliche, menschliche, seelische oder geistige Morgenstimmung und Morgenwirkung meint. Wenn das Ich am Morgen durch den Geist lebt, dann lebt es, wie es im Mittelalter hieß «durch Christus», durch den Logos, in Verbindung mit den Hierarchien und den Verstorbenen. Es nimmt dann tendenziell an Kraft zu, während es am Abend die eigene Kraft zur eigenen Individualisierung und zur Konturierung der Wesen und Dinge verwendet. Der Abend steht für die individuierte Existenz der Wesen und der Dinge in sich selbst; dies ist letztlich aber nur durch das menschliche Ich möglich. Zugespitzt lässt sich formulieren, dass am Abend das Ich beginnt, selbst Licht auszustrahlen, während es am Morgen im ausgestrahlten Licht existiert. Wenn das Ich am Abend selber Licht strahlend wird, leben die Verstorbenen, lebt der Logos, leben die Dinge der Welt, lebt aber auch die geistige Welt durch das Ich – in dessen Erleben, das sowohl die Eigenexistenz des Ich in sich selbst, aber dabei zugleich auch die Eigenexistenz all derjenigen Dinge und Wesen betont, die vom Ich erlebt werden.

Das goldene Licht des Abends beleuchtet *Einzelnes*; die Gesamtheit der Umgebung tritt zurück. Dieses Licht scheint nicht über Gute und Böse, d.h. über alles gleich. Denn es erscheinen die einzelnen Gegenstände herausgehoben, und auch nur dann, wenn sie von bestimmten Menschen in diesem Licht *erlebt* werden können, und zwar jeweils in besonderer und individueller Weise. Ein solches Erleben ist nicht nur subjektiv, denn ohne das Erleben würde der betreffende Gegenstand oder das betreffende Wesen gar nicht in Erscheinung treten. Dieses Erleben bildet nicht nur ab, bringt nicht nur zur Erscheinung, sondern bringt auch zur Geltung, bringt hervor. In diesem Licht kann, vielleicht auch am beleuchteten Gegenstand, auch die Beziehung zu einem bestimmten Verstorbenen empfunden werden, im Gefühl wiedergefunden und *zugleich* generiert werden: bemerkt, neu hervorgebracht, jetzt in der richtigen Weise gefühlt werden. Denn in diesem ätherisch erlebten Lichtraum existieren die Verstorbenen; an diesem Lebensgebiet kann das irdische Ich in dem beschriebenen abendlichen Erleben teilhaben.

Das ist eine merkwürdige Einheit von Dingwelt, Wesenswelt und Individualität: die Individualität des betreffenden Verstorbenen, die in dieser Weise vielleicht nicht erkannt werden konnte, solange er lebte. Aber auch die Individualität des jetzt erlebenden Ich, von deren Aufmerksamkeit die am Abend sich zeigende Wirklichkeit abhängt. In der Aufmerksamkeit lebt die angedeutete Identität von Subjekt und Objekt, von Dingwelt, Welt der Verstorbenen und geistiger Welt – die aber nur durch die Individualität des Ich, das hier Wirklichkeit empfindet, gegeben ist. Eine Wirklichkeit, die nur vorliegt, wenn das Ich zu einem solchen Erleben fähig ist, also eine solche Empfindungsbeziehung zu dem betreffenden Gegenstand, zu dem

Verstorbenen und auch zu der einzelnen «Befindlichkeit» einer geistigen Situation hervorbringen kann.

In der untergehenden Sonne laufen diese Kräfte, die in der Wirklichkeit *und* im Erleben des Ich sind, zusammen. Die Gesamtheit dieser Kräfte wäre also die geistige Sonne des Abends; von ihr ist das täglich sichtbare Abendgeschehen eine von auch anderen möglichen, aber nicht unbedingt sichtbaren Erscheinungsformen. Aus dieser Blickrichtung ergibt sich auch eine nachvollziehbare Bedeutung des alten Begriffs «Feierabend». In einem solchen Erleben tritt in gewisser Weise ins *Bewusstsein* ein, was sonst als *Kraft* in der Welt wirkt und Wirklichkeit bewirkt. Aber dieses Bewusstsein im Menschen ist nicht nur Abbild einer Wirklichkeit, sondern als Erleben des Ich selbst eine gefühlsartige Kraft: eine Kraft, die als Licht auf den Gegenständen und in den Gegenständen lebt und wirkt – genau so wie in meinem Erleben. In der Zwischenschicht von Lichtkraft im Erleben des Ich und Lichtkraft in und auf den Gegenständen existieren auch die Verstorbenen, mit denen man sich in diesem Erleben verbunden fühlen kann. Die Lichtkraft käme ohne den Gegenstand und ohne die Empfindung des Ich mit und an dem beleuchteten Gegenstand nicht zur Erscheinung.

Unterschiedliche Schichten und Arten von Gefühlen und Empfindungen differenzieren sich hier im Erleben des Ich. Und gerade in ihrer Differenzierung weisen solche Empfindungen auf eine bestimmte Wirklichkeitsdimension, wenn sie sich im Erleben des Ich wieder zu einer Einheit verbinden. Enthalten ist das Erleben von Abendstimmung; hinzu kommt das Gefühl, das das Ich mit dem beleuchteten Gegenstand verbinden kann; es können Gefühle auftreten, die mit der Individualität eines verstorbenen Menschen verbunden sind; auch das Selbstgefühl des Ich, das sich seelisch erlebt, ist in einer solchen Abendstimmung anders als am Morgen. Nimmt man diese Erlebnisschichten zusammen, so zeigt sich eine neue Realitätsebene. Dann ist es nicht mehr der Gegenstand selbst oder allein, sondern sein Herausgehobensein durch das Licht im Erleben, das hier wirksam wird. Und damit wird ein neues Weltverhältnis, eine neue Weltwirklichkeit spürbar, auch eine Wirklichkeit der Dinge, die nur durch das Ich als neue Realität erfahrbar ist. Diese Wirklichkeit kann gegenüber der physisch sichtbaren Welt wie ätherisch leicht erhoben erscheinen (weshalb hier auch eine Anwesenheit von Verstorbenen spürbar werden kann).

Die sichtbare Dingwirklichkeit war Voraussetzung für die neue spürbare Realität, wie sie jetzt im Erleben des Ich zur Erscheinung kommen und erstehen kann. Damit wird die «alte» gegebene Schöpfungswirklichkeit durch das jetzt mögliche Erleben des Ich in eine Freiheitswirklichkeit verwandelt. Wichtig ist nun, dass in einem solchen Erleben sich nicht nur das empfindende Ich in Freiheit erlebt, sondern dass damit in einer Art Erlebnis-Ätherisation auch die Dinge selbst in eine Freiheitswirklichkeit überführt werden. Es handelt sich also nicht nur um eine mentale, sondern um eine reale Ding-Freiheit, die der gegebenen Schöpfungsrealität eine Freiheitsrealität gegenüberstellt, indem sie durch das Erleben des Ich hindurch gegangen ist. Weiter zu fragen wäre, ob sich damit nicht auch das Ich aus der gegebenen Schöpfungs-Dingwirklichkeit befreit und in einem ersten Schritt zu einer Erlebnis-Wortwirklichkeit aufsteigen kann. Auch die Ich-Individualitäten der Verstorbenen leben und kraften in beiden Wirklichkeitsschichten; zu fragen wäre nun, ob nicht auch diese Individualitäten in dem «abendlichen» Erleben der irdisch lebenden Individualitäten wie zu ihrer eigentlichen Realität hin befreit werden, aus der Dingwirklichkeit gleichsam erlöst werden können.

In einem in dieser Weise differenzierten Empfindungserleben kann heute der Übergang des Tages vom Morgen in den Abend zu einer umfassenden Befreiung und Ätherisierung im Erleben werden – wenn der Übergang menschlich-geistig in einer Art Erlebnisaufmerksamkeit gelingt. Eine solche Ätherisierung würde die Gegenstandswelt ebenso betreffen wie diejenigen Realitätsdimensionen, die über und jenseits von ihr liegen. Voraussetzung dafür wäre, dass das erlebende Ich im Durchgang durch den Tag zu seiner eigenen Realität gefunden hat, indem es aus dem Licht in die Dinge der Welt eingetaucht ist. Dann kann es sich um eine Befreiung gegebener Wirklichkeiten handeln, um eine Ätherisation der Wirklichkeit hin zu ihrem Wort-Werden. Aus dem Erleben des Ich, das in sich eine individuelle Form findet, geht also eine Ich-Form in die Welt über, wirkt dort als Kraft, wenn auch nur zugleich in einem Erleben, das nicht allein Abbildcharakter besitzt.

Zu klären wäre, inwiefern die Begriffe der Anthroposophie im Laufe des 20. Jahrhunderts an dem Entstehen solcher Erlebnismöglichkeiten mitgewirkt haben. Dabei würde es sich um eine Art Hintergrundentwicklung des 20. Jahrhunderts handeln, in der das Ich in seinem Erleben realitätsfähig und wirksam geworden ist. Wenn aber das Erleben des Ich selbst Realitätscharakter und realisierende Wirkung erhalten hat, muss geklärt werden, ob in dieser Erlebnisdimension nicht auch diejenige Wirklichkeitsschicht berührt würde, in der die Kraftwirkung von Reinkarnation und Karma anzusiedeln ist.

Dann hätte Erkenntnis von Reinkarnation und Karma nicht mehr den Charakter, dass rückblickend erkannt wird, was beispielsweise eine vorangegangene Inkarnationswirklichkeit «war» oder «ist»; dann stellt eine Erkenntnis nicht mehr fest, was «ist», sondern ein erkennendes Erleben hat selbst Realitätscharakter und realisierende Wirkung. – Eine Wirkung, die unterbleibt, wenn ein solches erkennendes Erleben, das eben nicht nur Abbild einer Wirklichkeit ist, nicht stattfindet. Ein solches Verständnis von Reinkarnation und Karma ist im Werk Rudolf Steiners angelegt, wenn er beispielsweise in den so genannten Karma-Vorträgen des Jahres 1924 die Bedeutung der Imagination für die Erkenntnis vorangegangener Inkarnationen hervorhebt.[14] Es musste aber noch die *Lebens*wirkung der Anthroposophie im Verlauf des gesamten 20. Jahrhunderts hinzukommen, um im Ich, das in dieser Zeit weitere Individualisierungsschritte vollzogen hat, die angedeutete ätherisierende Erlebnisform zu ermöglichen.

Die ätherisierende Erlebniswirklichkeit des Ich *ist*, wenn das Ich sie in sich hervorbringt. Sie ist nicht erinnerbar, nicht «anwendbar», nicht auf eine gegebene Wirklichkeit beziehbar, die sie wiedergeben könnte. Vielmehr wird von diesem Punkt an das Erleben des Ich in der Welt gleichsam objektiv und kraftfähig. Wenn sich ein solches Gefühl mit Erkenntnis verbindet, *ist* Wirklichkeit. Für karmische Einsichten bedeutet dies, dass sich Erkenntnis und geistige Wahrnehmungen nicht mehr auf eine vergangene Wirklichkeit zu richten haben. Reinkarnation ist dann nicht mehr von einem geistigen Blick in die Vergangenheit aus zu erschließen, sondern zunächst durch das Betreten der neuen ätherischen Dimension im Erleben des Ich.

Imagination verbindet Natur und Karma

Wie kommen eigentlich Übergänge in der Witterung zustande, beispielsweise im Verlauf eines Tages? So ist etwa morgens um acht Uhr der Bereich einer Wiese mit einigen Bäumen noch nicht beleuchtet, befindet sich in einer gewissen Dunstsituation; aber um zehn Uhr steht dann die Sonne höher, beleuchtet dieses Areal. Die gesamte Situation hat sich verändert; ich habe vielleicht um acht Uhr hinausgesehen, dann wieder um zehn Uhr. Was ist inzwischen auf wessen Initiative vorgegangen?

Vergangene Epochen sahen hier in unterschiedlicher Weise hierarchische Wesen wirksam, die die Kräfte der ätherisch-elementarischen Welt im Tages- und Jahreszeitenverlauf formten. Der Blick nach draußen um acht Uhr und um zehn Uhr war von einer gewissen Sicherheit begleitet, nämlich dass das menschliche Erleben nicht nur situativ eine Naturstimmung oder einen Witterungszustand empfand, sondern dass in dem Erleben selbst die Wirklichkeit der Natur anwesend war. Zu dieser Sicherheit gehörte darüber hinaus, dass in dem Gesamtgeschehen ein notwendiger und sinnvoller Zusammenhang gegeben war, dessen Entwicklung und Einlösung von der menschlichen Wahrnehmung nicht abhängig sein konnte – aber auch nicht unabhängig von ihr vorzustellen war. Zwar war deutlich, dass der betreffende Mensch nicht jeden Augenblick des Witterungs- und Tagesverlaufs erleben würde; aber die Abstraktion, was der Tag und die Natur ohne den Menschen sei, erschien nicht besonders relevant. In diesem Sinne bestand die Gewissheit, dass Naturgeschehen, Tagesverlauf und menschliches Erleben zusammengehörten, und es kam die Sicherheit hinzu, dass die hierarchischen Wesen diesen Zusammenhang garantieren und vollziehen würden.

Ausdruck einer solchen Einbindung des Tages- und des Elementargeschehens in die hierarchische Kraftwirksamkeit war auch, dass sich der Mensch *erlebend* in den Naturprozess und den Zeitverlauf eingebunden empfand. Daraus hat er sich heute emanzipiert – aber bedeutet das, dass auf der anderen Seite Witterung und Zeitverlauf die gleichen geblieben sind? Hat die hierarchische Welt nur den Menschen aus diesem Zusammenhang verabschiedet, oder ist auch die Natur, ist die Tagesentwicklung, ist der Jahreslauf ebenfalls aus der geistigen Einbindung herausgefallen; haben sie sich dadurch mechanisiert? Ist die «erfüllte Natur» nicht ebenso wie der «erfüllte Tagesverlauf» und die «erfüllte Witterung» davon abhängig, dass sie vom Menschen miterlebt werden? In einer solchen Perspektive müsste der Mensch, nach einer möglichen Ablösung des Naturzusammenhangs von den Hierarchien, der Natur gleichsam zu Hilfe kommen und zwar durch erlebende Präsenz darin, sonst würde sich dieser Naturzusammenhang allmählich in Richtung auf eine entleerte Unternatur hin abstrahieren. Die Natur wäre dann zwar noch naturwissenschaftlich erforschbar, aber geist- und seelenleer geworden. Anzeichen für eine solche Entwicklung sind die Atom- und Molekulartheorie, aber auch die Genetik: Handelt es sich dabei um erlebbare Wirklichkeiten oder um die Folgen eines Abstraktionsprozesses, in dem bestimmte Begriffe und Theorien sich nun auch in einer unternatürlichen Ergebnisschicht der Forschung konsolidieren? Die Frage ist nicht wertend gemeint und soll die Bedeutung und Berechtigung der entsprechenden naturwissenschaftlichen Forschungsgebiete in keiner Weise in Frage stellen.

In der älteren (aristotelischen) Überlieferung erkannte man

die Zeit als Maß der Bewegung, also nicht einfach als die Zählung von Momenten oder die abstrakte Abfolge von Minuten, Stunden, Tagen etc. Auch hier gilt, dass der Engel, dass die Hierarchien den Entwicklungszusammenhang nicht mehr halten können und der Mensch aus einem Zusammenhangserleben herausfällt. Wenn Zeitverläufe des Tages und in der Natur, wenn Entwicklungen in der menschlichen Biografie nicht menschlich erlebt werden können, mechanisieren sie sich zu einer äußeren oder psychologischen «Objektivität». Man kann den Grund für diese Gefährdung gerade darin sehen, dass der Engel beispielsweise den biografischen Entwicklungsverlauf als «Schutzengel» nicht mehr garantieren kann.[15] So besteht die Gefahr, dass die Zeit als Maß der Bewegung oder Entwicklung gleichsam zerfällt: in einzelne Segmente, die dann wie starre Elemente eines Ablaufs erscheinen, beispielsweise als Etappen der Biografie (Jahrsiebte in der Kindheit, Krise in der Lebensmitte, geriatrische Situationen) oder als Fixpunkte eines Verlaufs, der in sich nicht mehr von innerer Übergänglichkeit gekennzeichnet ist, sich gegenüber dem Menschen separiert und objektiviert.

Können sich Elementarkräfte verändern, wie bewusstlos werden, weil ihre Wirksamkeit nicht mehr im menschlichen Erleben vollzogen wird? Die so von einem Erlebnisbewusstsein abgeschnittenen Elementarwesen könnten vielleicht nicht mehr ohne weiteres in den Naturformen bildsam bleiben, und letztere würden dann wirklich erstarren. Die Elementarkräfte könnten dann in die menschliche Seele quasi auswandern und dort «Bedürfnisse» des Leibes und der Seele sowie illusionäre Erlebnisformen schaffen. Was früher im Naturzusammenhang vereinigt war, ein erfülltes Erleben des «Drinnenseins im Draußen», zerfällt nun in einen psychologisch beschreibbaren seelischen Innenraum und in eine naturwissenschaftlich verobjektivierbare äußere Natur.

Schließlich könnte auch der räumliche Zusammenhang in seiner Tiefenwirkung verloren gehen. Natur und Außenwelt würden sich dann nicht nur im Innenerleben «verflachen»: die Wirklichkeit reduziert sich auf die Oberfläche eines (Bildschirm-)Bildes ohne Tiefe, veräußerlicht sich bis hin zur Kulisse. Tiefe und Bedeutung würde dann nur noch in einem subjektiven seelischen Innenleben erwartet, das sich in der Naturumgebung und der «objektiven» Gegenstandswelt fremd fühlt. «Tiefe» und «Innerlichkeit» der Natur lebten einst im menschlichen Empfindungsraum, im Naturerleben; trennt sich dieser von der äußeren Natur oder wird diese wissenschaftlich als getrennt betrachtet, so entfernen sich nicht nur Subjekt und Objekt voneinander. Vielmehr verliert das Subjekt dann im rein subjektiven seelischen Erleben seine Wirklichkeit, und die nur noch rein äußere Wirklichkeit verliert ihre Bedeutsamkeit, letztlich ihre Menschengemäßheit.

Eine ältere christliche Überlieferung hat davon gesprochen, dass der Engel die Dinge (der Natur) im göttlichen Wort (also in Christus) und in den Dingen selbst erkennen kann.[16] Für den Engel aber sind Erkenntnis und Sein identisch; das bedeutet, dass dasjenige, was der Engel erkennt, auch in Wirklichkeit *ist* – was er aber nicht erkennt, ist nicht. Das würde für die Witterung im Tagesverlauf in der oben angedeuteten Weise bedeuten, dass die Naturentwicklung, die der Engel nicht mehr erkennt, in Wirklichkeit auch nicht mehr in all ihren Dimensionen existiert. Und zwar vollzieht sie sich vielleicht noch, es könnte aber sein, dass man es hier nur noch mit einer kulissenhaften Vergangenheitsrealität zu tun hat, die immer mehr ausdörrt, dem Verfall preisgegeben ist. Andererseits sind für Geistselbst-Wesen wie den Engeln Gegenstandserkenntnis und Selbsterkenntnis identisch. Wenn der Engel also den Witterungsverlauf, der dadurch wird, erkennt, erkennt sich der Engel in demselben Vorgang selbst; umgekehrt erkennt der Engel in sich selbst in einem Akt der Selbsterkenntnis den Witterungsverlauf, der dadurch Wirklichkeit wird. Wenn der Engel aber diese natürliche Wirklichkeit nicht mehr erkennt, dann kann er auch sich selbst nicht mehr erkennen, aus der dann ausbleibenden Selbsterkenntnis heraus auch nicht mehr den Witterungsverlauf in seiner Wirklichkeit hervorbringen. Indem so die Natur in der Gefahr steht, zur Kulisse verflacht zu werden, entsteht für den Engel selbst die Gefährdung, mit dem Bezug zur Natur auch den Bezug zu sich selbst zu verlieren – da aber für den Engel Erkennen und Sein identisch sind, ist darin letztlich auch die Gefährdung enthalten, mit der Selbsterkenntnis auch das eigene Sein zu verlieren.

In derselben Überlieferung ist die Rede davon, dass der Engel sich hüten muss, in die Finsternis der Mitternacht oder die reine Helligkeit des Mittags zu geraten.[17] Dass er also sich darum zu bemühen hat, den *Übergang* vom Abend in den Morgen und vom Morgen wieder in den Abend zu vollziehen (und damit letztlich die Natur und die Wirklichkeit in der Realität des Christus zu erhalten). Der Wille des Engels hat also daran zu arbeiten, die *Übergänge* aufrecht zu erhalten; den Morgen an den Abend und den Abend an den Morgen anzuschließen und damit eine solche übergängliche Wirklichkeit als die eigentliche Realität auszuweisen. Man kann daran ersehen, dass diese Wirklichkeit durch den Willen des Engels mitkonstituiert wird; denn der rein automatische Verlauf würde sich gleichsam immer stärker in die Helligkeit des Mittags hineinarbeiten, in der nichts mehr zu erkennen ist, weil alles von einem gleißenden Licht überstrahlt wird. Oder die Wirklichkeit würde automatisch in die reine Dunkelheit der Mitternacht einmünden, in deren völliger Finsternis auch nichts mehr zu erkennen oder zu erleben wäre. Der Engel hat demnach die Aufgabe, Endpunkte in neue Übergangssituationen zu bringen, Entwicklung und Übergang aufrecht zu erhalten. Nach dem oben Gesagten ist klar, dass andernfalls nicht nur die Wirklichkeit unerkennbar, d.h. unmenschlich würde, sondern auch der Engel selbst sein Eigenbewusstsein verlieren müsste, denn für ihn sind Erkennen und Sein, Selbsterkenntnis und Gegenstandserkenntnis nicht zu trennen.

Es ist klar, dass in der erwähnten christlichen Überlieferung der geistige Anteil der Natur, die Natur in ihrer Erkennbarkeit und Erlebbarkeit angedeutet wird. Diese Erkennbarkeit (und Erlebbarkeit durch den Menschen und durch den Engel) bildet die Natur nicht nur ab, wie sie «an sich» ist, sondern die geistige Erkenntnis- und Erlebnisdimension gehört zum Wesen der Natur. Damit sind Erkennen und Erleben nicht nur «subjektiv», stehen nicht nur einer «objektiv» gegebenen Wirklichkeit gegenüber. Die geistige Kraft, die als Ursache und im Hintergrund der Natur wirksam ist, tritt in Erkennen und Erleben für Engel und Mensch in die Wahrnehmbarkeit. Damit ist die Natur mehr als ihre rein äußere Erscheinung, mehr aber auch als abstrakt in ihr wirksame Naturkräfte. Natur transzendiert ihre eigene sinnliche Erscheinung, gerade indem diese Erscheinung kein festes Bild, kein Zustand, sondern ein Prozess ist, der im Sinne der geschilderten Überlieferung in einer hierarchischen Willenswirksamkeit begründet liegt. Die neue karmische Situation des Ich hat auch damit zu tun, dass sich im Hinblick auf diesen Zusammenhang eine neue Aufgabe stellt: zu prüfen, ob und in welcher Form der Mensch in Zukunft den früheren hierarchischen Willensanteil an der Natur zu übernehmen hat. Das würde bedeuten, dass das Ich in seinem Naturerleben innerlich eine Verbindung mit der Natur herstellt, die diese dringend benötigt. Andererseits kann das menschliche Ich auf diesem Weg sich bis in den eigenen Leibesorganismus hinein mit der Naturgrundlage verbinden, die es für seine weitere Entwicklung benötigt. Das wäre diejenige Dimension der Natur, die in dem oben gemeinten Sinne als christlich zu bezeichnen wäre: das menschliche Naturerleben ist selber eine wesentlich wirksame Kraft in der Natur. Und dieses Erleben hängt nicht allein von der naturwissenschaftlichen Orientierung und Kenntnis des Menschen, sondern weit mehr von der Vertiefung seines gesamten Weltverhältnisses und von seiner Denk- und Vorstellungsmöglichkeit ab. Denn je mehr Wirklichkeit er nicht nur abbildend, sondern auch freischaffend oder imaginativ zu erfassen vermag, desto mehr wird sich auch sein Naturerleben vertiefen. Dadurch bringt das Ich Kräfte hervor, die der inneren Entwicklung der Natur fehlen müssten, wenn sie das menschliche Ich nicht frei produzieren würde.

Damit arbeitet das Ich aber auch an seiner eigenen Lebensgrundlage in der Natur, aber auch im eigenen Organismus, der in mancher Hinsicht Bestandteil des allgemeinen Naturprozesses ist. So handelt es sich bei diesem Geschehen um einen Schritt in die Zukunft, in der der Mensch immer mehr die eigenen Inkarnationsgrundlagen und damit seine karmischen Chancen für die Zukunft in die Hand zu nehmen hat. Könnte der Mensch nicht in seinem Naturerleben an die frühere Engeltätigkeit in der Natur anschließen, so würde sich die Natur, würde sich schließlich auch der menschliche Organismus immer mehr als eine Vergangenheitswirklichkeit konsolidieren.

Zwar wäre dann noch etwas «da», das auch «funktioniert», aber diese Naturzusammenhänge wären von ihren Zukunftskräften abgeschnitten. Zukunft ergibt sich nicht von selbst aus Vergangenheit und Gegenwart, sondern Gegenwart konstituiert sich nur dann gegenüber der Vergangenheit, wenn die menschliche Erlebnisdimension in der angedeuteten Weise Zukunft zu erschließen vermag. Sonst lebt man nicht wirklich, sondern nur scheinbar in der Gegenwart, eigentlich aber in einer Verlängerung der Vergangenheit und damit in der «natürlichen» und seelischen Unternatur. Die «natürliche» Unternatur wäre dann eine ahrimanisch verobjektivierte Außenwelt, während in der seelischen Unternatur ein luziferischer Selbstbezug wirksam wäre, der die menschliche Seele als reinen Innenraum gegenüber der äußeren Wirklichkeit separieren, den Menschen in sich selbst immer stärker in die Isolation führen würde.

Die neue Schicksalssituation beinhaltete stärker die Aufgabe, die Natur und die Erde, letztlich auch den Leib zur Inkarnationsvoraussetzung zukünftiger Ich-Entwicklung zu gestalten – hier zeigt sich der für die Zukunft so wichtige tiefe Zusammenhang von Natur und Karma. Zur Natur im vollständigen Sinne muss auch ihre geistige Seite und entsprechend die Erkenntnis- und Erlebnisdimension im Menschen hinzugedacht werden; es wird sich zeigen, dass ein in diesem Sinne zur Natura vervollständigter Naturbegriff sehr viel mit einem zukunftsfähigen Karma-Begriff zu tun hat. Und so kann Natur wieder als Grundlage von Ich-Entwicklung verstanden und erlebt werden; eine solche Fähigkeit geht weit über die bloße *Erkenntnis* der Beziehung von Natur und Karma hinaus. Denn indem dieses Naturerleben möglich wird, erschließt sich der Mensch seine eigene irdische Entwicklungsgrundlage für zukünftiges Karma – die Natur allein wird in der Zukunft ebenso wenig wie die Hierarchien in der Lage sein, dem Menschen diese Entwicklungsgrundlage zur Verfügung zu stellen. Zugespitzt könnte man formulieren, dass zukünftiges Karma nur möglich ist, wenn sich das menschliche Ich selbst die entsprechende Naturgrundlage durch ein neues Erkenntnis- und Erlebnisverhalten der Natur gegenüber schafft.

Daher kann nicht nur eine bessere Naturkenntnis des Menschen angesprochen sein. Vielmehr geht es auch um vertiefte Erlebnismöglichkeiten im kosmisch-natürlichen (und auch sozialen) Weltzusammenhang, in dem sich das menschliche Ich befindet. Ein solches vertieftes Erleben entsteht durch Interesse für die Umgebung, entsteht durch Fähigkeitsentwicklung, entsteht vor allem aber durch eine Tätigkeit, die in der älteren Geisteswissenschaft als *Imagination* bezeichnet wurde. Imagination bedeutet dann ein Verhältnis zu sich selbst und zur Welt, das sich nicht allein am Gegebenen orientiert, sondern durch freies Interesse, Phantasie und das Denken von neuen Zusammenhängen Gebiete erschließt, die in der Vergangenheitswelt noch nicht vorkommen. Diese Gebiete mögen zunächst auf ihre Realitätsfähigkeit hin noch nicht überprüfbar sein; aber ihre «Wahrheit» ist eigentlich auch gar nicht an dem Grad ihrer Übereinstimmung mit einer gegebenen Wirklichkeit zu ermessen. Vielmehr meint die «Wahrheit» von Imaginationen einerseits die Tendenz und Fähigkeit, dass aus ihnen heraus eine zukünftige, also noch nicht vorfindliche Wirklichkeit hervorgehen kann. Andererseits bezieht sich die Wahrheit von Imaginationen aber auch auf ihre seelische Innenwirkung für das menschliche Ich: auf die Fähigkeit der imaginativen Kraft, nicht nur den subjektiven Erlebnisraum, sondern in ihm auch die wirkliche Welt- und Menschenverbindung zu vertiefen und in der Welt nicht nur das objektive Gegenüber, sondern auch den Raum eigener Wirklichkeitsgestaltung zu erleben.

Darüber hinaus wäre sogar zu bedenken, ob nicht durch die freie Zukunftskraft und den freien Zukunftsschritt eines imaginativen Verhaltens auch karmische Gegenwart erst wieder aus ihrer Vergangenheitsverhaftung befreit werden kann. Denn karmische Gegenwart ergibt sich nicht aus der Vergangenheit. Es handelt sich um eine geisteswissenschaftliche Verkürzung, fast um eine Karikatur geisteswissenschaftlichen Karmaverständnisses, wenn man meint, Schicksalsgegenwart würde durch karmische Vergangenheit verständlich oder gar herleitbar. Karmische Vergangenheit kann Schicksalsgegenwart *vertiefen*, aber auch nur dann, wenn verstanden wird, dass Gegenwart sich nicht aus der Vergangenheit und Zukunft sich nicht aus der Gegenwart ergibt. Das gilt letztlich für jeden Entwicklungszusammenhang, zutiefst aber gerade für Schicksalsentwicklung. Ich komme nämlich in der Gegenwart nicht an, indem ich meine Entwicklung aus der Vergangenheit begreife; ich kann diese Entwicklung aus der Vergangenheit gar nicht verstehen, wenn ich nicht in jedem Moment in freier Weise an meiner eigenen Zukunftsgestaltung (und damit auch an der der Natur und der Wirklichkeit) arbeite. Gegenwart entsteht also nicht aus der Vergangenheit, sondern indem ich in Willen und Erlebnisfähigkeit (nicht in einer inhaltlichen Vorwegnahme) zukunftsgerichtet mich verhalte. *Dadurch* wache ich in der Gegenwart auf, komme im Lebensmoment an, löse meine karmischen Voraussetzungen aus der Vergangenheit ein.

Denn diese karmische Vergangenheit ist nicht einfach «gegeben», sie «liegt» nicht einfach «vor», sondern sie wird sich erst zeigen und auch gestalten, wenn ich durch meinen Zukunftsbezug in der Gegenwart angekommen bin. Meine

Gegenwärtigkeit, die durch Zukunftsfähigkeit entsteht, wirkt nicht nur in die Zukunft, sondern sie strahlt auch in die Vergangenheit aus: nicht nur, dass die Vergangenheit erkennbarer, durchsichtiger wird, sondern dass sie dann erst ihre Form erhält, die ihr eigentlich zukommt.

Mit anderen Worten: Die karmische Vergangenheit «liegt» nicht einfach «vor» (und müsste dann nicht einfach «erkannt» werden), sondern sie wartet in ihrer eigentlichen Gestalt auf den freien Zugriff des Ich. Das menschliche Ich strahlt in der freien Imagination in die Vergangenheit aus, so wie es Zukunft durch innere Welt- und Menschenverbindung gestaltet und damit in der Gegenwart erwacht. Hier zeigt sich ein ähnliches menschenkundliches Phänomen im Schicksal in der Biografie. Denn die eigene Kindheit und Jugend kann nicht als «gegeben» gelten, man blickt nicht nur auf sie zurück, sondern sie werden ihre eigentliche Gestalt, ihr eigentliches Sein (und natürlich auch ihre «Bedeutung») erst erhalten, wenn ich in der Gegenwart aufgewacht bin. Dann handelt es sich jedenfalls nicht nur um eine Perspektivenveränderung auf die eigene Kindheit und Jugend, sondern diese Formen entwickeln sich tatsächlich in ihrer Eigenexistenz erst dann, wenn sie heute durch Zukunftsbezug und Gegenwartspräsenz in einen Entwicklungszusammenhang eingebettet werden, auch im Selbsterleben des menschlichen Ich.

Der Zusammenhang von Karma und Natur bedeutet in dem hier gemeinten Sinne also, dass das Ich durch freie Imagination[18] in ein neues Naturerleben und in ein neues Karmaverständnis eintritt. Durch die freie Imagination erschließt sich das Ich die zeitlichen Entwicklungsformen der Natur (z.B. des Tagesverlaufs), aber auch der eigenen Biografie und des eigenen Schicksals. Darüber hinaus sind auch innere und äußere

«Vertiefung» möglich: die innere Vertiefung im Sinne eines Erwachens für die eigentliche Form der eigenen Vergangenheit, die «äußere» Vertiefung in dem Sinne, dass erst das Ich, das die entsprechenden Erlebnisregionen erschließt, in die eigentliche «Tiefe» der Natur erst heranreicht – ansonsten droht die Natur gleichsam als ein zweidimensionales Oberflächen- und Außenphänomen zu verflachen.

Damit aber schließt das Ich karmisch an und beginnt zu gestalten: diejenige Entwicklungsvoraussetzung, die es in Zukunft immer stärker benötigt, die aber ihrerseits immer mehr auf das Mitwirken des Menschen angewiesen ist, die natürliche (leiblich-organische) Inkarnationsgrundlage, den Naturprozess des eigenen Leibes und der Erde. So kann sich das Ich von einem problematischen, letztlich luziferischen Selbstbezug befreien, der Karma und Natur trennt und das Ich in eine seelische Innendimensionalität einschließt. Dazu gehört auch die Vorstellung, Karma sei durch reine Vergangenheitseinsichten zu erhellen. Auf der anderen Seite schafft das Ich auf diese Weise die Voraussetzung, in der Natur nicht nur eine Äußerlichkeit und ein Gegenüber, sondern einen Erlebnisraum zu entdecken, der bis in die Dimensionen der Äthergeografie hinein den Zusammenhang von Natur und Karma aufzeigen kann. Das Ich erkennt heute Schicksal, indem es an seinem Naturverhältnis und damit an seiner Inkarnationssituation arbeitet – und in dieser Arbeit liegt das zukünftige Entwicklungspotential von Natur und Erde.

Michael erschließt Karma

Eine michaelische Beziehung zum Geist umfasst zwei Aspekte. Erstens gründet sie das Geistverhältnis auf das eigene Denken und die wissenschaftliche Erkenntnis, die der Mensch in der Neuzeit ausgebildet hat. Zweitens erschließt sich ein michaelisches Geistverhältnis inhaltlich die geistesgeschichtliche Entwicklung der Menschheit. Man wendet sich also der geistigen Vergangenheit zu und versucht, den geistigen Entwicklungsgang in der Menschheitsgeschichte zu verstehen – vielleicht eher nicht insgesamt, sondern an denjenigen ausgewählten Punkten, für die man offenkundig oder leise ein Interesse spürt. Dabei ist wichtig, dass diese inhaltliche Beschäftigung (beispielsweise mit dem deutschen Idealismus oder der Philosophie der Antike) konkret, willens- und interessengetragen ist. Das bedeutet, dass ich mich etwa für Plato oder Aristoteles, für Schelling oder Hegel wirklich interessiere, dass ich den Willen aufbringe, diese einzelnen Denker nicht nur abstrakt, sondern in ihrem individuellen Entwicklungsgang und ihren Intentionen zu verstehen und dass ich schließlich über deren individuelle geistige Entwicklung auch spirituell-menschlich in eine gewisse Beziehung zu den betreffenden Menschen treten kann. Diese Beziehung wäre dann ein gewisser geistiger Kontakt, nicht unbedingt das Interesse an ihrer konkreten Lebensführung oder ihrer Biografie (was selbstverständlich hinzukommen könnte).

Man könnte sogar formulieren, dass heute eine zentrale Aufgabe der Anthroposophie darin besteht, die Bedeutung eines solchen Entwicklungsbegriffs zu betonen. Dabei hätte

Anthroposophie nachvollziehbar zu machen, dass es nicht um ein philosophisches oder historisches «Wissen» geht, sondern um eine individuelle Erarbeitung einer menschlich-historischen Geistbeziehung. Der individuelle Geist im Menschen trifft auf den Geist, der ebenfalls durch geistige Individualisierung in dem betreffenden historischen Denker, in der Geistesgeschichte gewirkt hat.

Indem in dieser Weise ein geistiges Verhältnis hergestellt wird, kann Michael wirken, denn Michael repräsentiert die gesamte Vergangenheit geistiger Entwicklung, wie sie sich, kosmisch-hierarchisch impulsiert, auf der Erde abgespielt hat. Bei diesem Vorgang ist entscheidend, dass nicht nur auf eine geistige Vergangenheit *zurückgeblickt* wird, sondern dass diese frühere Geistbeziehung *heute* aus lebendigem Interesse erarbeitet wird. Dann hat sie nämlich mit der Gegenwärtigkeit des Geistes zu tun. Michael als das die geistige Entwicklung zurzeit leitende Geistwesen hat in angemessener Weise die Entwicklung gegenwärtigen Geistes aus der geistesgeschichtlich-irdischen und kosmischen Vergangenheit zu repräsentieren.

Die Präsenz des Geistes ist aber nicht nur geistiger Inhalt, sondern wirkende geistige Kraft. So hat ein individuelles Geistverhältnis, das in der angedeuteten Weise durch eine «historische» Beschäftigung entsteht, Auswirkungen auf den ganzen Menschen. Natürlich wird der so arbeitende Mensch seine geistesgeschichtlichen Kenntnisse erweitern; selbstverständlich wird er so Fragen, vielleicht sogar existenzieller Art, inhaltlich beantwortet finden; sicherlich werden ihm weitere Dimensionen des eigenen Interessensbereiches aufgehen, die eine vertiefende Weiterarbeit ermöglichen. Darüber hinaus wird er aber auch bemerken können, dass untergründig sein ganzes

Leben eine andere Wendung nimmt; dass Interessen beginnen, sich zu verlagern; dass Beziehungen zu anderen Menschen ungesucht eine andere Wendung nehmen können, sich vertiefen oder relativieren; dass auf einer sehr basalen Ebene die eigene Lebensstimmung eine andere Färbung erhält, die vielleicht erst nach längerer Zeit zu bemerken ist.

Schließlich kann der in der angedeuteten Weise michaelisch-geistesgeschichtlich arbeitende Mensch vielleicht auch bemerken, dass seine Beziehung zur Natur eine andere wird; dass er Tagesverläufe, den Jahreslauf, die Witterung, Naturstimmungen anders erlebt; dass er sich von der Witterung und der landschaftlichen Umgebung immer mehr einbezogen, immer weniger isoliert und «draußen» fühlt; dass Licht, Luft, Wetter und Umgebung zu einem dauernd sich verändernden «Raum» werden können, den man betritt; dass also die eigenen Empfindungen im Natur- und Witterungszusammenhang bewusster, heller und irgendwie auch «tiefer» werden können.

Beobachtet man eine solche Entwicklung des eigenen Erlebens länger, dann wird auch spürbar, dass darin diejenige Kraft wirkt, mit der man sich intentional der eigenen Thematik in der Geistesgeschichte zugewendet hat. Diese Kraft wirkt im Naturverhältnis an einer völlig anderen Stelle, als sie sich vorher inhaltlich bewegt hat. Und es wird vielleicht auch spürbar, dass die neue Empfindung, die in das Naturerleben hineinführt, eine allgemeine Charakteristik ätherischer Wirklichkeit besitzt: sie ist subjektiv und objektiv zugleich. Konsequent betrachtet kann ich in einer solchen Erlebnissituation nicht mehr sagen, wie ich die Witterung in mir erlebe, das ist rein subjektiv. Ich kann aber auch nicht mehr die Ansicht vertreten, die objektive Witterung wird durch die Messdaten der Wetterstationen und Satelliten festgestellt – denn auch deren Instrumente und Daten sind nur aussagefähig, wenn die abgelesenen Werte mit entsprechenden Empfindungen, Erfahrungen, Erlebnissen des Menschen in Zusammenhang gebracht werden können.

Man kann vielmehr zu dem Ergebnis kommen, dass in der neuen Empfindung subjektiv und objektiv, innen und außen, Erleben und Erlebtes, Wahrnehmendes und Wahrgenommenes gar nicht mehr getrennt werden können. Das Äußere ist innerlich, das Innere äußerlich, und mit zunehmender Vertiefung dieses (gar nicht besonders intensiven oder spektakulären) Erlebens wird immer klarer, dass man sich in einem Gebiet befindet, in dem Mensch und Welt nicht zu trennen sind. Man hat die ätherisch-elementarische Wirklichkeit betreten, vielleicht ohne sie gesucht zu haben. Die Anwendung geistiger Kraft hat, aus dem geistesgeschichtlichen Interesse heraus, die Schwelle zur ätherischen Welt überschritten. Im älteren Mysterienverständnis wurde dieser Übergang als die Schwelle der Elementarwelt bezeichnet, die dann auftretenden Erlebnisse hießen Feuer-, Wasser- oder Luftprobe, nach Elementen differenziert.

Zukünftige Bewusstseinsseelen-Entwicklung wird sich auch mit der Frage befassen müssen, ob die subjektiv-objektive Kraft, die in einem solchen Naturerleben wirkt und spürbar wird, nicht auch Bedeutung für die Natur selbst besitzt. Man kann sogar die Überzeugung gewinnen, dass das ökologische Bewusstsein in diese Richtung tendieren müsste: das menschliche Naturerleben ist in seinen vertiefenden Regionen für die Natur selbst nicht gleichgültig. Es handelt sich dabei nicht nur um einen Abdruck der Natur im menschlichen Wahrnehmen und Empfinden. Sondern was der Mensch dann erlebt, könnte Element einer neuen Entwicklungskraft der Natur werden. Es könnte sich dabei um eine Erneuerungskraft handeln, die für die zukünftige Entwicklung die Natur nicht nur in ihrer Ursprünglichkeit bewahren, sondern sie über ihren gegebenen Status hinaus weiterentwickeln würde.

Damit würde sich der Mensch an derjenigen Stelle gegenüber der Natur befinden, die früher das ältere Geistselbst-Wesen, der Engel, innehatte. Deshalb konnte im vorangegangenen Kapitel die Frage gestellt werden, ob nicht der Mensch bis in den substantiellen Witterungs- und Lichtverlauf eines Tages hinein die frühere Aufgabe des Engels durch ein neues Naturerleben zu übernehmen hätte. Für den Menschen ist jetzt aber im Unterschied zum Engel nicht allein ein geistiges, sondern ein eher seelisches Empfindungsverhältnis zur Natur möglich geworden. Diese neue seelische Erlebnisfähigkeit hängt zwar selbstverständlich mit der Sinneswahrnehmung einerseits zusammen. Die Sinneswahrnehmung selbst macht aber eine Veränderung durch, indem sie Natur und Umgebung nicht einfach mehr abbildet, sondern das Erleben seelisch vertieft, erweitert, über die bloße Wiedergabe von Gegebenem hinausführt.

Andererseits ist das neue seelische Naturerleben nur möglich geworden, weil es durch eine eigene geistige Tätigkeit angeregt wurde (wie gesagt: auf völlig anderem Gebiet zunächst). Es handelt sich hier also um eine *seelische* Wirkung *geistiger* Tätigkeit. Gerade weil eine geistige Kraft wirkt, ist die seelische Wirkung nicht nur innerseelisch subjektiv, sondern bezieht wahrgenommenen und empfundenen Gegenstandsbereich mit ein. Man könnte auch sagen, dass es sich hier um eine seelische Empfindungswirkung handelt, die von einem autonomen Ich-Prozess auf den Weg gebracht wurde und die Seele aus dem ursprünglich nicht verobjektivierbaren Innenerleben wie befreit. Dennoch verliert dieses vertiefte seelische Erleben nicht seine «Innerlichkeit», nicht seine Individualität, nicht seinen persönlichen Charakter. Im Gegenteil: je mehr es sich der ätherischen Welt in der Natur öffnet, desto stärker wird es auch Bestandteil individueller seelischer Stimmung.

So kommt eine neue in der Natur wirksame Kraft aus der seelischen Empfindung, wird aber angeregt aus der Ich-Tätigkeit, die in geistigem Interesse vielleicht zunächst ganz andere Gebiete erschließt. Indem diese Kraft aber in der Natur wirksam wird und auf diese Weise das Naturerleben des Menschen vertieft, wirkt sie auch auf das menschliche Ich zurück, von dem sie ursprünglich ausgegangen ist. Dieses Ich wird sich nun, durch die erwähnte untergründige Stimmungsveränderung, ganz anders in der Welt wiederfinden, als es vorher der Fall war. Neue Orientierungen und Erlebnisregionen werden wichtig, es kann sogar sein, dass sich ältere Probleme zwar nicht lösen lassen, aber an Bedeutung verlieren.

Zugegeben werden muss, dass dieser Wirkungszusammenhang nicht leicht nachzuvollziehen ist. Um ihn zu verstehen, ist es zunächst notwendig, ihn gedanklich nachzuvollziehen; er wird sich aber auch dann nicht wirklich erschließen, wenn nicht darüber hinaus auch zumindest anfänglich Empfindungserfahrungen im Naturzusammenhang vorliegen. Insofern handelt es sich hier um Erkenntnisse, Erfahrungen und Empfindungen, die einen längeren Zeitraum benötigen, um sich als Realitäten bestätigen zu können. Wird dies aber ansatzweise möglich, so zeigt sich, wie sich in diesem Prozess Natur und Karma begegnen. Das Ich, das in seiner Empfindungsbildung die frühere Geistselbst-Tätigkeit des Engels in der Natur berührt, verbindet heute in ersten Schritten Natur und Karma. Denn die tiefer empfundene Natur vermag aus ihrer eigenen Kraft die Stimmungs- und Erlebnislage des Ich zu verändern. Damit schafft sie auch die Lebensbedingungen des

Ich neu, befindet sich dadurch in einem unmittelbaren karmischen Zusammenhang.

Indem das Ich über eine freie geistige Tätigkeit indirekt, untergründig und meist auch ungesucht sein Naturverhältnis neu hervorbringt, arbeitet es über diejenige Kraft, die dann aus der Natur zurückwirkt, an seinen vorfindlichen karmischen Inkarnationsbedingungen – vielleicht ohne die Umgebung zu wechseln, in der es sich befindet, ohne äußere Veränderungen. Sondern indem sich die Erlebnislage ändert, wird auch die Lebenslage eine andere, und nicht nur in der subjektiven Empfindung. Viele kennen aus eigener Erfahrung, dass auch die «objektive» Lebenssituation sich völlig anders darstellt (und nicht nur anders «erscheint»), wenn die eigene Erlebenssituation und Stimmung anders geworden ist.

Zugespitzt, aber durchaus konkreter kann auch formuliert werden, dass die Verbindung von Karma und Natur im menschlichen Ich sich im Michael-Zeitalter durch die geistesgeschichtliche Entwicklung vollzieht, die individuell erarbeitet wird. Hier verbindet sich in zukunftsfähiger Weise die frühere Wirksamkeit Michaels in der Natur mit seiner gegenwärtigen in der geistigen und geistesgeschichtlichen Entwicklung. Es wird in neuer Weise nachvollziehbar, warum Rudolf Steiner in den späteren Mitgliederbriefen davon spricht, dass Michael früher in dem «Strahlen der Sonne» wirksam war.[19] Und es wird verständlich, warum Rudolf Steiner etwa in derselben Zeit in einem Vortrag andeutet: das Ich kann zu dem Erleben kommen, dass die Wiese in der Natur, auf der es sich befindet, von ihm selbst «karmisch» mitgebracht wurde.[20]

Der Entwicklungszusammenhang, der als geistige Kraft in der Geistesgeschichte wirksam ist, erweist sich als nahe verwandt mit dem Empfindungszusammenhang, der subjektiv-objektiv in Natur und Seele wirkt. Vermittler zwischen beiden ist die biografische Entwicklung des Menschen, für deren karmische Dimension das Ich erwacht, wenn es sich in der beschriebenen Weise geistig für den Entwicklungszusammenhang der Geistesgeschichte und den Empfindungszusammenhang der Natur sensibilisiert. Mit dem Erwachen für die karmische Wirkung in der eigenen Biografie ist verbunden, dass das neue seelisch-ätherische Naturempfinden, das der Mensch sich erarbeitet, ihn in einer Art rückwirkenden Resonanz auch anders in den eigenen biografischen Zusammenhang hineinstellt. Durch die Naturempfindung ändert sich so stark die *Erlebens*situation, dass auch die *Lebens*situation eine neue wird. So wirkt Natur, die vom Menschen in der Empfindung gleichsam geistig sensibilisiert wurde, auf das Karma zurück; aber nicht als «blinde» Naturwirkung, sondern als Erlebensmodifikation im Ich, wodurch dieses sich selbst anders und autonom in die eigene karmisch-biografische Situation hineinstellen kann.

Damit ist eine gewisse Entwicklungsverantwortung beim Menschen angekommen. Wenn das menschliche Ich in sich den Prozess der Verbindung von Karma und Natur nicht vollzieht, bleiben die beiden Wirksamkeitsregionen Michaels, seine frühere in der Natur («Strahlen der Sonne») und die gegenwärtige geistesgeschichtliche getrennt. In die geistige Entwicklung ist eine Verantwortung des Menschen getreten, die Verbindung beider Seiten durch die Ausbildung der neuen ätherischen Empfindung für die Zukunft vorzubereiten. In dieser ätherischen Empfindung liegt eine Kraft, die rezeptiv, produktiv, seelisch-empfindend, elementar-ätherisch, geistig und individuell-persönlich zugleich ist. Diese Kraft schließt als *seelische* Empfindungs-, Erlebnis- und Gefühlskraft an die frühere rein geistige Geistselbst-Kraft des Engels an.

Damit übernimmt die wahrnehmende und fühlende Seele des Menschen, also ein sensibles Wesen, das nur auf der Erde und als Erdeninkarnation möglich ist, eine frühere Aufgabe des Engels (der ja nie wirklich auf der Erde inkarniert war). Die frühere Geistselbst-Wirkung im Karma kam aus der Kraft des «Schutzengels», der den Menschen biografisch begleitete und führte. Die frühere Geistselbst-Wirksamkeit des Engels erhielt auch das Übergängliche im Tagesverlauf und in der Witterung mit Hilfe der Elementarwesen aufrecht: hier war das geistige Erleben des Engels zugleich wirksame Naturkraft. Beide Wirksamkeitsbereiche gehen nun allmählich in die empfindende Seele des Menschen über. Damit wird frühere rein geistige Geistselbst-Kraft in der irdisch inkarnierten Seelenexistenz auf der Erde und für die Erde real. Die Bewusstseinsseele hat einen Punkt erreicht, an dem in der neuen ätherischen Empfindung das Gefühl geistfähig und der Geist gefühlsfähig werden kann.

Das Gefühl differenziert sich

Für ein Verständnis von Schicksal und Inkarnation in der Gegenwart ist es wichtig, die Entwicklung des vergangenen 20. Jahrhunderts insgesamt zu berücksichtigen. Im 20. Jahrhundert ist die Anthroposophie entstanden, zunächst im Werk Rudolf Steiners, dann nach seinem Tod weniger inhaltlich, sondern eher in menschlichen und zwischenmenschlichen Lebenswirkungen. Das 20. Jahrhundert hat zivilisatorisch und weltgeschichtlich eine Entwicklungsdynamik gezeigt wie kein Zeitalter zuvor. Mit der wissenschaftlich-technischen Entwicklung ergab sich eine Beschleunigung umfassender zivilisatorischer Prozesse. Mit den dreißiger und vierziger Jahren des 20. Jahrhunderts entstand durch den Nationalsozialismus und seine Folgen eine Situation, die es historisch noch nicht gegeben hat und die in ihren Wirkungen notwendig Einfluss auf die nachfolgende Anthroposophie haben muss. Auch für die Anthroposophie gilt hier wie für alle anderen Lebensbereiche, dass nach dieser Zeit «alles anders» ist, dass eine vorangegangene Entwicklung nicht einfach fortgesetzt werden kann. Mit den siebziger und achtziger Jahren des 20. Jahrhunderts ist dann zumindest für Europa und die westlichen Zivilisationen eine Umbruchsituation entstanden, deren geisteswissenschaftliche Bedeutung und Konsequenzen ebenfalls dringlich ins Auge gefasst werden müssen. Die Wirkungen dieser Zeit beziehen sich im Großen und Ganzen auf eine Rasanz und Brisanz neuer Individualitätsentwicklungen; das Ich scheint in eine neue Existenzsituation auf der Erde gekommen zu sein.

Angesichts dieser Situationen muss heute, also nach einer

gewissen Entwicklungsetappe die das 21. Jahrhundert bereits genommen hat, gefragt werden, ob und inwiefern die Karma-Perspektive Rudolf Steiners, die im ersten Viertel des 20. Jahrhunderts entstanden ist, einer neuen Betrachtung unterzogen werden muss, – einfach weil die geisteswissenschaftlichen, sozialen, individuellen und inkarnativen Entwicklungsbedingungen sich verändert haben. Eine solche Betrachtung hat sich auch auf die Wirkung Michaels zu beziehen und etwa die Frage zu stellen, ob das Verhältnis zwischen der geistigen und der Naturwirksamkeit Michaels noch so anzusehen ist, wie es Rudolf Steiner in dem erwähnten Mitgliederbrief 1924 dargestellt hat.[21] Zu untersuchen wäre, ob Michaels Naturwirksamkeit und seine Kraft in der menschlichen Seele durch das Denken nicht aneinander angenähert worden sind. Die Blickweise hätte sich dabei zu richten auf das Verhältnis zur «äußeren» Natur im eigenen Naturerleben; dazu gehört auch das Erleben von Äthergeografie, Jahreslauf und Witterung.

Darüber hinaus wäre die Frage zu stellen, ob die historisch-geistesgeschichtliche Dimension der Wirksamkeit Michaels durch die angesprochenen Ereignisse des 20. Jahrhunderts, insbesondere der dreißiger und vierziger Jahre, nicht eine andere geworden ist. Das von Rudolf Steiner beschriebene «Amt» Michaels, die «Verwaltung» der kosmischen Intelligenz, ist ja Ausdruck seiner Verbindung mit dem Denken in der menschlichen Seele:[22] Michael repräsentiert in der Intellektualitätsentwicklung, im menschlichen Denken, die gesamte geistesgeschichtliche und kosmisch-geistige Vergangenheit. Das Verhältnis zur Vergangenheit, auch zur geistesgeschichtlichen, ist aber durch die erwähnten Einschnitte des 20. Jahrhunderts umfassend anders geworden, und gerade in dem Zusammenhang der Vergangenheitswirkung ist eine neue Beziehungsdimension zu den Verstorbenen zu erwarten. Die Repräsentanz der Vergangenheit als kosmische und Geistesgeschichte, die Repräsentanz der Vergangenheit in einer gewordenen und jetzt «vorliegenden» Natur, die Repräsentanz der Vergangenheit in der Wirksamkeit der Verstorbenen sind in ihrem Zentralisationspunkt der Wirksamkeit Michaels neu zu betrachten.

Zudem wäre zu prüfen, ob nicht auch menschenkundlich in dieser Zeit eine große Veränderung im Leibverhältnis der Individualität bzw. in den Funktionsprinzipien des Organismus und der Organe stattgefunden hat. Im eigenen Leib verbinden sich Natur und Individualität, und man hat vielleicht zu gewärtigen, dass hier die beiden Wirksamkeitsfelder Michaels gerade als Folge des 20. Jahrhunderts in neuer Weise zusammenkommen. Auch zwischenmenschliche Verhältnisse wären entsprechend in den Blick zu nehmen: vielleicht hat auch hier eine radikale «Michaelisierung» stattgefunden, die allerdings auch bemerkt werden müsste, um positiv wirken zu können. Beispielsweise lohnt es sich zu beobachten, inwiefern die geistige Grundhaltung und geistige Konsequenz eines Menschen oft unerkannt in seinen Beziehungen und in seiner menschlichen Umgebung wirken; ob Wahrheits- und Erkenntnisfragen, denen man sich stellt oder ausweicht, unbewusst nicht sehr viel stärker als angenommen die zwischenmenschlichen Verhältnisse und das Verhältnis von Gesundheit und Krankheit in der eigenen Organisation bestimmen. Entscheidend sind hier die Fragestellungen: Was bemerke ich an mir? Was bemerkt der Andere an mir? Was bemerke ich am Anderen? Und: Wer bemerkt bei wem eigentlich was? Das Leben aus dem Bewusstsein und mit Bewusstsein hat einen anderen Stellenwert bekommen als früher – weniger im Bewusstsein selbst, eher in seinen (oft unbemerkten) Wirkungen.

Die geistige Beschäftigung mit Michaels Wirksamkeit in der geistigen Überlieferung verändert untergründig das eigene Naturerleben; ein Zugang zur Natur wird in neuer, individueller Weise für die Empfindung möglich.[23] Vielleicht ergibt sich aus dem neuen Naturerleben und den erwähnten Individualisierungsprozessen im Leibverhältnis und im zwischenmenschlichen Geschehen dort, wo diese Veränderungen empfunden werden, auch erst wieder der richtige Blick auf Michaels-Wirksamkeit in der Geistesgeschichte und im Denken. Zu fragen wäre auch, ob durch solche Erlebnis- und Bewusstseinsprozesse des Menschen überhaupt die angemessene Wirksamkeit Michaels nicht nur bemerkt, sondern auch ermöglicht wird. Denn zur Entwicklung in der Bewusstseinsseelen-Zeit gehört, dass all diese Verhältnisse erst beginnen können, sich in angemessener Weise neu zu konstellieren, wenn das menschliche Ich seine Existenzsituation im eigenen Erleben bewusst erfasst.

Das eigene neue Naturerleben, das aus der Beschäftigung mit dem Schicksal des Denkens in der menschlichen Geistesgeschichte wie aus einer geistigen Übung hervorgeht, überführt in diesem Sinne michaelische Kraft wieder in die Natur (aus der eigenen Naturempfindung, die sich als Resonanzwirkung des individuellen Geisteslebens ergibt). Im Zuge dieses Übergangs hätte sich dann Michaels Wirksamkeit in der Natur in einer Art Durchgang durch den Menschen individualisiert, und dabei könnte es zu neuen Kraftwirksamkeiten im Naturgeschehen kommen. Dies ist der ätherisch-elementare Bereich, in dem auch die Verstorbenen existieren. Sie leben jenseits der Schwelle der Elementarwelt, und diejenigen Verstorbenen, mit denen ich verbunden bin, sind in der Lage, meine eigene neu entstandene «subjektive» Naturempfindung zu «verobjektivieren», zu einer wirksamen Naturkraft zu gestalten. Mein «subjektives» Naturempfinden ist aus dem «subjektiven» eigenen Geistesleben hervorgegangen; indem nun die Verstorbenen, mit denen ich verbunden bin, das historische Entwicklungssubstrat hinzubringen, das in ihrem Schicksal vollzogen und inzwischen geistig «niedergelegt» ist, verbindet sich die wirklich gewordene historische Entwicklung des 20. Jahrhunderts mit dem neuen Naturempfinden, das aus dem individuellen Erleben in denjenigen Bereich strahlt, in dem die Verstorbenen existieren.

Der eigene Organismus vollzieht die Individualisierung im Naturgeschehen mit. In der Natur selbst ergibt sich die Individualisierung aus einer neuen ätherischen Erlebniskraft des Ich. Diese Empfindung gibt nicht nur wieder, was in der Natur «objektiv» ist. Vielmehr fügt sie als aktive Empfindungskraft imaginativ das «subjektive» Erleben des Ich hinzu. Und gerade dieses Erleben kann über Michael und die Verstorbenen zu einer neuen Naturkraft werden. Im Naturerleben schwingen also *imaginative* Kräfte mit, die nicht auf das empfindende Individuum beschränkt sind. Dagegen besitzt die erkennende Empfindung, die sich auf den menschlichen Leib und seine Funktionen richtet, eher *inspirativen* Charakter.[24] Imagination hat wie die ätherische Welt mit Übergängen und Zusammenhängen zu tun; die Inspiration vertieft diese Zusammenhänge in Innen-Außen-Verhältnisse hinein; Zusammenhang wird zum Funktionszusammenhang von verschiedenen Organen, die sich wechselseitig unterscheiden, aber doch den Gesamtorganismus bilden. Die Wahrheit der Imagination ist ein Denk- oder Bildzusammenhang, den ich selber herstellen kann; für die Wahrheit der Inspiration kommt etwas wie von außen hinzu. Imagination zielt auf einen zu bemerkenden, zu denkenden, zu erlebenden Zusammenhang; Inspiration zielt auf einen konkreten Begriff.

Diesen beiden Wahrheitsebenen können zunehmend Empfindungsschichten im menschlichen Ich entsprechen. Diejenige Empfindungsschicht, die dem Begriff nahe steht, bringt das Ich mit dem eigenen Leibesorganismus in Verbindung. Letztlich beruhen auch therapeutische Einsichten auf solchen «inspirativen» Empfindungen, und der Organismus ist immer mehr auf eine innere Haltung und Ausrichtung angewiesen, die inspirativ stimmig ist. Mit anderen Worten: indem sich der Organismus individualisiert, benötigt er eine Empfindung, Stimmung und Stimmigkeit, die als seelischer Erlebnisraum aus einer Begriffsfähigkeit des Ich hervorgeht.

Auch zwischenmenschlich können neue Empfindungsräume entstehen. Die individualisierenden Entwicklungsschritte des 20. Jahrhunderts würden dann im Sinne einer «sozialen Michaelisierung» bedeuten, dass der Wille, der mich mit anderen Menschen verbindet, empfindungsfähig wird. Es entsteht dabei ein neuer zwischenmenschlicher Gefühlsbereich, der weniger seelisch aus Emotionen resultiert, sondern eher geprägt wird aus den Intentionen, den Willensrichtungen, die mich zu Anderen hinführen, mit ihnen zusammenarbeiten lassen, in nähere Beziehungen zu ihnen treten lassen. Aber dieser Wille tritt eben als *Gefühl* auf, und diese Empfindung erlaubt neue *intuitive* Fähigkeiten im zwischenmenschlichen Umgang. Es ist so, als würden sich die zwischenmenschlichen Empfindungen zu einer Intuitions-Einheit zusammenschließen, wo sie früher sich widersprechend oder sich gegenseitig ausschließend, zumindest uneinheitlich waren. Eine solche intuitive Empfindung wirkt im Unterschied zum eher massiven oder zupackenden sozialen Willen mehr untergründig, mehr über den zwischenmenschlichen Stimmungsbereich. Man könnte fast den Eindruck gewinnen, statt konkreter Handlungen oder «Umsetzungen» von Intentionen gingen aus diesem intuitiven Gefühl leichte magische Wirkungen hervor, mit zwischenmenschlicher Koordinierung, Strukturierung, Ausrichtung. Ein solcher Stimmungswille kann auch allgemein, nicht nur in der individuellen Begegnung, auf Verhältnisse der sozialen und zivilisatorischen Umgebung positive Einflüsse ausüben.

So gäbe es nun drei Dimensionen der Empfindung als individueller geistiger Kraft: die ätherisch-imaginative des Naturerlebens, die geistig-inspirative in der eigenen Leibesexistenz, die willensartig-intuitive Empfindung im Umgebungsverhältnis, das fast immer ein (gegenwärtiges, vergangenes oder zukünftiges) Menschenverhältnis ist. Diese Empfindungsdimensionen wären also nicht nur Erlebnisformen des Ich, sondern Gefühle, die durch sich selbst in der Natur, im Organismus und in der Beziehung zum Menschen als verändernde Kräfte wirken. Durch diese Empfindungen verändert das Ich seine schicksalhaft gegebene Lebenssituation. Das Naturerleben wird voller, gleichsam seelischer, intensiver, dabei individueller und mehr situationsbezogen, letztlich auch bewusster. Und dieses Erleben ist für die Natur nicht gleichgültig.

Die neue Empfindung dem Organismus gegenüber beruht vielleicht auf der Grundlage, dass das Leibverhältnis des Ich zunächst distanzierter, abstrakter wird – der Mensch ist nicht mehr so stark mit seinen Leibesfunktionen identifiziert und von ihnen abhängig. Möglich ist sogar, dass die Intensität des Leibeserlebens und sich im Leib zu erleben abnimmt; aber in der Wirkung der Empfindung, die oben als begriffsverwandt bezeichnet wurde, entsteht doch eine stärkere individuelle Kraftwirkung und damit Gesundungswirkung im Organismus, die meist nicht unmittelbar, sondern erst später spürbar (und dadurch leicht übersehen) wird. Selbstverständlich nehmen mit der Abhängigkeit der Leibesgesundheit und der Organfunktionen von der individuellen Empfindungsbildung auch die Gesundheitsrisiken zu. Aber die Individualisierung des Organismus scheint in der Schicksalsentwicklung des Einzelnen und der Menschheit zu liegen; man kann den Eindruck gewinnen, dass die «mitgebrachte» organische Situation weitgehend komplikationsfrei noch etwa bis zur Lebensmitte funktioniert; dass der Organismus dann gleichsam darauf wartet, durch den angedeuteten individuellen Empfindungsbereich neue Gesundheits- und Funktionskräfte zugeführt zu bekommen. Das Risiko, das damit gegeben ist, liegt in der Folge nicht eingelöster eigener Geistesbedürfnisse und -haltungen: wenn das Ich an der Grenze von Begriff und Gefühl nicht empfindungsfähig, nicht bewusstseinsfähig wird, könnte dies auf die leibliche Entwicklung problematischen Einfluss haben.

Ähnliches gilt auch für die Menschen- und Weltbeziehung: Wenn der Wille und der entsprechende neue Empfindungsbereich zusammenkommen, nehmen Willkür, unbewusste Motivationen, aber auch vordergründige, vorstellungsgeprägte Ziel- und Intentionsbestimmungen des Willens ab. Dadurch wird der Wille stimmiger, stimmungsvoller, individueller, menschlicher, letztlich auch durchschaubarer und bewusster. In gewisser Hinsicht kommt in der Folge eine neue Willenskonsequenz und Willenskontinuität auf – aber nicht im Sinne von «konsequent» durchgepeitschten Intentionen. Vielmehr entsteht eine untergründige Stimmigkeit und Kontinuierlichkeit in den zwischenmenschlichen Beziehungen, aber auch im gesamten Weltverhältnis, eine Konsequenz, die sich jeweils immer eher zeigt als bewusst praktiziert wird. Damit kann sich über diese

Empfindung der eigentliche individuelle (karmische) Wille immer deutlicher herausarbeiten, schließlich zum Bewusstsein kommen und sich zeigen.

Ähnlich bezeugt sich in der neuen Organismusempfindung diejenige individuelle begriffliche und denkerische Kraft, mit der sich das Ich vorgeburtlich die Lebensvoraussetzungen in den eigenen Organen geschaffen hat.[25] Und die neue Naturempfindung weist auf denjenigen ätherisch-elementaren Bereich, in dem jenseits der Schwelle Karma und Natur koinzidieren, in dem sich die Existenz der Lebenden und der Verstorbenen, das vorgeburtliche, das irdische und das nachtodliche Sein verbinden. Dabei handelt es sich also um den überzeitlichen Schicksalsbereich, der sinnlich und übersinnlich wirkt; für ihn ist die äthergeografische Lebens- und Erlebenssituation des Menschen ein Ausdruck, der in der Naturempfindung seinen Niederschlag findet.

Über die drei Empfindungsbereiche wird dem Ich Schicksalswirklichkeit nicht durch einen karmischen Rückblick, sondern durch ein Erleben *in der Gegenwart* zugänglich. Empfindungsintention (Wille) wirkt diesseits wie jenseits der Schwelle, dies gilt auch für den Empfindungsbegriff (Inspiration) oder die Empfindung der Natur (Imagination). Der Empfindungswille beispielsweise beinhaltet im zwischenmenschlichen Umgang, in der Beziehungsentwicklung Aspekte des jeweiligen zwischenmenschlichen Verhältnisses, die karmisch relevant sind. In der Empfindungsinspiration findet das Ich Anschluss an seine eigene (leibbildende) vorgeburtliche Situation, und die imaginative Naturempfindung erschließt einen Existenzbereich des Ätherischen, der als Kraftwirksamkeit die Verbindung von Diesseits und Jenseits für das eigene Erleben herstellt.

Auf allen drei Ebenen wird karmisch gegebene «Natur»

individuell im Erleben zugänglich und gleichzeitig gestützt, regeneriert, fortentwickelt: das Ich reintegriert sich durch die Bildung einer Art individueller «Übernatur» in die karmisch gegebenen «Naturen».[26] Karma wird nicht nur erkannt, sondern im Erleben fortentwickelt. Die Empfindungskraft, die das Ich in einen Naturzusammenhang hineinstellt, erhält für das Naturerleben des Ich und für die erlebte Natur eine Erweiterung und eine Fortentwicklung. Wie die entsprechende Erlebniskraft des Ich auch in der Natur selbst wirksam wird, kann an verschiedenen Stellen der folgenden Kapitel deutlicher werden. Zunächst ist ohne weiteres klar, dass ein individuell vertieftes Naturerleben für die Natur selbst ökologisch positive Auswirkungen hat: weil der betreffende Mensch sich in der Natur anders verhalten wird. Dass sein Erleben darüber hinaus auch geistig naturprägend wirkt, kann man sich vielleicht daran veranschaulichen, dass die Wirklichkeit eines Gartens nicht nur eine Folge der dort vollzogenen Handlungen ist. Dies ist in früheren Epochen im Hinblick auf Kräuter- und Arzneimittelgärten sicheres Bewusstsein gewesen, und es könnte auch heute im Sinne des häufiger verwendeten Begriffes «Kulturlandschaft» hilfreich sein – zuerst um diejenigen Erlebnisräume zu erschließen, die dann die entsprechende Wirklichkeit zugänglich machen.

In der Beziehung zum eigenen Organismus wird nicht nur die karmisch geschaffene Grundlage der irdischen Ich-Existenz wahrgenommen, sondern in dem entsprechenden Erleben entstehen diejenigen Kräfte, die der Organismus benötigt, um weiterhin Grundlage der Erdenexistenz des Ich sein zu können. Damit schließt in dieser Empfindung das Ich an die eigene vorgeburtliche leibbildende Kraft an. Und der Leib, der Grundlage der Ich-Entwicklung war, wird nun von diesem Ich her restituiert. In dem Inspirationsempfinden erhält die leibliche Natur eine Art «Übernatur» vom Ich her, um weiterhin dieses Ich in seinem Erdenbewusstsein tragen zu können. Die Zunahme psychosomatischer Erkrankungen in den letzten Jahrzehnten weist darauf hin, wie sensibel der Organismus gegenüber der Ich-Tätigkeit geworden ist; verschiedene neuere Krankheitsverläufe geben zu erkennen, dass die Organe zunehmend auf Ich-Präsenz im Organismus angewiesen sind: nicht als direktes Bewusstsein von leiblichen Funktionen, sondern durch Empfindungs-Anwesenheit des Ich in der Gegenwart, durch geistige Präsenz, die gefühlsfähig ist, durch Gefühle, die bewusstseinsfähig sind – ansonsten droht der Leib beispielsweise im Alter eher Demenzträger als Ich-Bewusstseinsträger zu werden.

Schließlich vollzieht sich der Bewusstseinsanschluss an die (karmische) zwischenmenschliche Dimension des Willens in einem ersten Schritt in der angedeuteten intuitiv getragenen Empfindung. Auch hier wird nicht einfach auf gegebene karmische Verhältnisse rekurriert, sondern diejenige Schicksalskraft im Erleben zugänglich, die zwischenmenschliche Beziehungen vorbereitet und gestaltet. Wie bei den beiden anderen Bereichen gilt auch hier, dass die betreffende Empfindung in ihrer karmischen Bedeutung gar nicht ins Bewusstsein treten muss, dass die Empfindung allein ausreicht, um eine entsprechende Ausrichtung in die karmische Realitätsentwicklung hinein bewirken zu können. Jeder kann seine eigene zwischenmenschliche Erfahrung dahingehend überprüfen, ob nicht die «gegebenen» Verhältnisse geradezu darauf warten, aus überkommenen Strukturen befreit zu werden, ohne gleich aufgelöst oder abstrahiert werden zu müssen. Es geht um eine zwischenmenschliche Vertiefung, die nicht allein emotional getragen ist, die aber das Gefühlsbedürfnis nicht vernachlässigt. Die intuitionsgetragene Empfindung kann dazu in der Lage sein, das zwischenmenschliche Gefühl nicht zu rationalisieren, aber in ihm nicht nur die Wärme- und Kältewirkungen, sondern auch Lichtwirkungen wahrnehmen zu können. Und diese Licht- und Wahrheitswirkungen verweisen dort auf die karmische Dimension des Sozialen und der zwischenmenschlichen Entwicklung, wo sie sich nicht gegen das Gefühl abgrenzen, sondern mit der Empfindung und den entsprechenden Bedürfnissen verbinden.

Licht wirkt in der Erkenntnis und im Leben

Das Verhältnis von Natur und Karma lässt sich insgesamt als ein differenziertes Lichtgeschehen beschreiben. Licht wirkt im Lebensprozess der Natur, aber auch im konstitutionellen Lebenshintergrund der menschlichen Leibesorganisation. Licht wirkt im menschlichen Bewusstsein, wenn Wahrheit erkennbar und Zusammenhänge deutlich werden. Schließlich erlebt man Licht auch im Gefühl, wenn neben Sympathie- und Antipathieerlebnissen sowie neben seelischen Wärme- und Kälteprozessen sich Stimmungsaufhellungen zeigen. Gerade das Selbstgefühl des menschlichen Ich artikuliert sich zunehmend in Licht- und Dunkelheitsempfindungen, und in der Biografie zeigen sich im Verhältnis von Selbstgefühl und Weltempfinden dunklere und hellere Phasen.

Auf der anderen Seite kann man auch an Gedankenbewegungen und am Umgang mit Begriffen leise spüren, ob das Denken zum Licht oder zur Dunkelheit tendiert. «Helles» Denken und «dunkles» Denken lösen nicht starke, aber doch sublime Veränderungen auf der Ebene des Lebensgefühls aus. Damit wird Licht im Denken oder begriffliches Licht über ein Gefühl auf der Lebensebene spürbar: In diesem Licht begegnen sich gleichsam an einem Überkreuzungspunkt Bewusstseins- und Lebensprozesse, ebenso wie sich im Selbstgefühl des Ich und in der Biografie Lebens- und Bewusstseinswirkungen des Lichts berühren.

In der inneren Lichtwirkung weist das Denken über die Inhaltsseite des Begriffs hinaus auf dessen lebendige Wirklichkeit. Die Lebensseite des Begriffs ist zwar von seinem Bedeutungs- und Lehrinhalt nicht unabhängig, aber nicht mit ihm identisch. Das lebendige Denken und der lebendige Begriff transzendieren eine rein inhaltliche oder logische Systematik. Die Lebenswirkung des Begriffs kann mit einem feinen Gefühl empfunden werden. In ähnlicher Weise kann ein Gefühl empfinden, wie aus dem Lebensprozess der Natur oder des menschlichen Organismus Lichtwirkungen ins Bewusstsein übergehen, zunächst seelisch im Selbstgefühl.

Andere Lebenselemente können folgen und sind schon jetzt in gewissem Umfang mit dem Licht verbunden, etwa Luft und Wärme. Wenn beispielsweise das Lichterleben auf das Lebensgefühl wirkt, so verbindet sich mit dem Lichtprozess eine Wirkung im Seelen- und Leibesorganismus, die zumindest ansatzweise belebend und wärmend (oder gegenteilig) wirkt; diese Sekundärwirkungen zeigen, wenn sie bewusst werden, wie mit dem Licht auch Luft- und Wärmevorgänge nun für das Empfindungserleben bewusstseinsfähig werden können. Man kann auch an Veränderungen der Atmung denken, die mit einem bestimmten Lichterleben einhergehen und für ein feineres Empfinden eine Repräsentanz von Licht, Luft und Wärme im Bewusstsein darstellen.

Damit werden für das Empfindungserleben des Ich Lebensprozesse wirklich bewusstseinsfähig – ein entscheidendes empfindendes Erkenntnismittel für karmische Einsichten. Das Übergehen von Lebensprozessen ins Bewusstsein heißt dabei, dass diese Lebensprozesse im Licht (und ansatzweise auch in Luft und Wärme) zum *Mittel* oder Prinzip der karmischen Erkenntnis werden können. Das Licht ist dann nicht *Inhalt* der karmischen Erkenntnis, sondern ihr neues *Instrument* in einem Lebensgebiet, das vorher noch im Unbewussten lag. Dennoch kann das Licht in gewisser Hinsicht auch Inhalt des Bewusstseins und der Erkenntnis werden, denn im Selbstgefühl sind Subjekt und Objekt, Erkenntnis und Sein nicht zu trennen. In das Selbstgefühl gehen die innere seelische Situation des Ich, seine Befindlichkeit in der Umgebung, seine konstitutionell-leibliche Seinssituation, seine gesamte Lebens- und Erkenntnislage ein. Hegel spricht in seiner «Enzyklopädie» von der «Unmittelbarkeit» des Selbstgefühls, in der das «Moment der Leiblichkeit ... noch ungeschieden von der Geistigkeit ist».[27] Im Selbstgefühl integriert sich das Ich als leibliches und geistiges Wesen, aber auch in seiner Innen- und Außenbeziehung. In das Selbstgefühl gehen Subjekt und Objekt als Befindlichkeit der Individualität und ihrer Beziehung zur Außenwelt ein. Insofern trägt das Selbstgefühl in sich die Chance, sich aus der illusionsanfälligen reinen Selbstbezüglichkeit zu emanzipieren.

Voraussetzung dafür aber ist, dass sich das Ich durch Erkenntnisorientierung, also durch Denken und Begriffsverbindung lichtfähig gemacht hat. Hier liegt heute die Bedeutung eines geisteswissenschaftlichen Schulungs- und Übungsweges, der mit der Praxis des Denkens beginnt. Dabei ist ein Denken gemeint, bei dem das Ich allmählich lernt, (vielleicht neue) Zusammenhänge von Begriffen selbst zu bemerken. Es reicht nicht aus, orientiert an Wahrnehmungen oder Erinnerungen zu denken; auch ein «Nach-denken» von noch so schwierigen Gedankeninhalten kann nicht das eigenständige Finden von Begriffszusammenhängen ersetzen. Schon in dieses selbständige Denken spielt eine gewisse Empfindungswirkung hinein; sie wird gemeinhin als Wahrheitsgefühl bezeichnet und kann zu einer allgemeinen und tragfähigen Orientierung des Denkens werden. Durch die Ausbildung des Wahrheitsgefühls im eigenständigen Denken entsteht in einer Folge- und Resonanzwirkung die Fähigkeit, in einer bestimmten Empfindungsschicht für die angedeuteten Lichtprozesse aufzuwachen: zunächst für Lichtwirkungen im Bewusstsein, dann aber auch für die Wirkungen des Lichts auf der Lebensebene.

Der geisteswissenschaftliche Schulungsweg hat in diesem Sinne heute die Aufgabe, das Ich im Selbstgefühl durch Begriff und Denken wahrnehmungsfähig für Lichtprozesse zu machen. Dieser Übungsweg kann in einer längeren biografischen Wirkung das Ich-Bewusstsein durch Denken und Begriffsverbindung an die eigenen Licht-Lebens-Kräfte und an diejenigen der Welt anschließen. Denken und Begriff können in dieser Weise das Ich lichtfähig machen, und umgekehrt werden Denken und Begriff im neuen Selbstgefühl des Ich auch ihrerseits lichtfähig, d.h. das Denken kann sich über das Wahrheitsgefühl allmählich an Lichtwirkungen ausrichten.

Zu einer geisteswissenschaftlichen Menschenkunde für Gegenwart und Zukunft gehört auch, diese neue Lichtfähigkeit des Ich zu bemerken und für die Selbsterkenntnis des Menschen verständlich darzustellen. Denn durch die modifizierte Beziehung zum Licht verändert sich die Stellung des Menschen zum Geist, zur Welt, der eigenen Seele und dem Geist gegenüber weitreichend. Diese umfassend neue Existenzsituation des Ich verändert auch die Bedingungen für karmische Einsichten und für die Stellung des Ich in Inkarnationen. Entscheidend für die neue Situation ist dabei, dass in der Partizipation an Lichtprozessen Bewusstseins- und Lebensebene zugleich zugänglich werden, so dass die beiden Grundpfeiler karmischer Betrachtung, die leibliche Konstitution und die geistige Entwicklung, einer integralen Betrachtung unterliegen können. Im Licht existieren Leben und Bewusstsein zugleich, schließen sich in der Betrachtung nicht mehr aus, indem die

Lebensebene in Konstitution und Biografie nun bewusstseinsfähig, das eigene Denken und Bewusstsein lebendig und lebensfähig werden können.

Im Januar 1925 formulierte Rudolf Steiner in einem Mitgliederbrief: «Der Mensch denkt in denselben Kräften, durch die er wächst und lebt. Nur müssen diese Kräfte, damit der Mensch zum Denker wird, ersterben. Da ist der Punkt, wo ein rechtes Verständnis darüber aufgehen kann, warum der Mensch denkend die Wirklichkeit erfasst. Er hat in seinen Gedanken das tote Bild dessen, was ihn aus der lebensvollen Wirklichkeit heraus selber bildet.»[28] Diese Darstellung entspricht weitaus umfassenderen Darstellungen im *Heilpädagogischen Kurs*, den Rudolf Steiner im Juni 1924 gehalten hatte. Im lebendigen Denken bildet sich der Mensch vorgeburtlich in seiner Leibesorganisation selbst; dieser Leib muss aber die denkerischen Lebenskräfte bzw. die lebendigen Denkkräfte so umwenden, dass mit der Geburt ein lebendiger Leib und allmählich ein abbildhaftes, d.h. nicht mehr selbst lebendiges Denken entsteht. Die vorgeburtliche Denkkraft wirkt nun als Lebenskraft in den Organen, die ihrerseits (insbesondere das Nervensystem und das Gehirn) nur ein totes, spiegelhaftes, nicht mehr schaffendes und unlebendiges Denken als Bewusstseinslicht entstehen lassen können. Dem Gedankenlicht des irdisch inkarnierten Erwachsenen ist nicht mehr anzumerken, dass das Gedankenleben einmal die Ursache seiner Lebensexistenz war. Gedankenlicht und Gedankenleben sind auseinandergetreten.

Es wäre nun zu fragen, ob die folgenden Jahrzehnte des 20. Jahrhunderts und die ersten Jahre des 21. Jahrhunderts inzwischen mit der Entwicklung des Selbstgefühls im Ich die Möglichkeit geschaffen haben, dass Denken und Leben, Bewusstsein und Sein in demjenigen Licht, das fühlbar wird, wieder zusammenkommen. In diesem Gefühl würde das Ich auf der Erde Anschluss gewinnen an diejenigen vorgeburtlichen Denkkräfte, die seine Leibesorganisation aus dem lebendigen Begriffszusammenhang heraus hervorgebracht haben. Denken und Leben kommen im Licht für das Ich zusammen. Damit wäre der karmische Überkreuzungspunkt von Bewusstsein und Leben zum ersten Mal *jetzt*, d.h. im irdischen Lebensaugenblick gegenwärtig. Wäre es denkbar, dass diese Möglichkeit zu Beginn des 20. Jahrhunderts aufgrund der damaligen Entwicklungssituation des Ich noch nicht gegeben war? Könnte es sein, dass damals auf den Überkreuzungspunkt von Bewusstsein und Leben noch gleichsam zurückgeblickt werden musste, um ihn erfassen zu können? Zurückgeblickt auf die vorgeburtliche Situation des in der Leibbildung denkerisch tätigen Ich, zurückgeblickt auch im Sinne einer karmischen Rückschau, in der gegenwärtige Bewusstseinsvorgänge und vergangene Lebensvorgänge noch nicht in der Identität des Selbstgefühls gegenwärtig präsent sein konnten.

In dieser Perspektive betrachtet hat das 20. Jahrhundert eine gewaltige Entwicklung hervorgebracht. Verdunkelt durch die weltweiten Erschütterungen des 20. Jahrhunderts, insbesondere seiner dreißiger und vierziger Jahre, hat sich eine Metamorphose möglicher Lichtwirkungen vollzogen, die auf die Existenz des Menschen weitreichenden Einfluss haben kann – wenn sie denn bemerkt wird! Denn gerade hier handelt es sich um eine Wirklichkeit, die nur gegeben ist, wenn sie bemerkt, im Bewusstsein repräsentiert und erlebt wird. Das Lichtprinzip ist vom Sein und vom Wahrnehmungsbereich in das Erleben des Ich und in das Denken übergegangen. Es ist wichtig, eine solche Aussage zunächst nachvollziehen zu wollen, sie erst einmal nicht durch äußere Überprüfung verifizieren oder auch falsifizieren zu wollen. Eine solche Aussage müsste angesehen werden wie eine Charakterisierung seelisch-geistiger oder menschlicher Wirklichkeit: Ich kann zwar überprüfen, ob das Klavier sich wie behauptet im Nebenraum befindet, schwieriger aber ist es zu «prüfen», woraus Freundschaft oder eine Stimmung besteht. Und selbst die Verifikation der Aussage, das Klavier befinde sich im anderen Zimmer, setzt zu ihrer Verifikation oder Falsifikation den Begriff des Klaviers voraus. Welche Kompliziertheit bereits in dieser Voraussetzung gegeben ist, lässt sich ermessen, wenn man den Begriff «Klavier» durch den Begriff «ausgezeichnetes Klavier» ersetzt. Umso mehr kann die Wirklichkeit von Freundschaft, Liebe, Wahrheit letztlich nur durch Erfahrung, Erleben und innere Entwicklung hervorgebracht und bestätigt werden.

Eben in einem solchen Sinne ist jetzt die Aussage zu betrachten, dass das Lichtprinzip im 20. Jahrhundert vom Sein und von der Wahrnehmung ins Ich und ins Denken übergegangen sein könnte. Das würde bedeuten, dass das Licht gleichsam «subjektiver» geworden ist. «Subjektiv» meint damit im engeren Wortsinn eine größere Abhängigkeit vom Subjekt. Sein und Wahrnehmung sind «objektiver» als Ich und Denken; was Licht ist, hängt stärker von der Aktivität des Ich und von seinen Bewusstseinshorizonten ab, die es durch das Denken geschult hat. Damit soll nicht nur gemeint sein, dass Wahrnehmung und Sein stärker als früher vom seelischen Erleben des Menschen abhängen; darüber hinaus ist auch gemeint, dass das Licht ins Ich und Denken stärker eingegangen ist, dass es die Bereiche des Seins, beispielsweise des Tageslaufs, der Natur und der Wahrnehmung, etwa im visuellen Erleben von hell und dunkel, tendenziell verlässt; dass also das Licht selbst sich stärker im Bereich der «Subjektivität» angesiedelt hat. Somit hat die Verstärkung des «subjektiven» Lichterlebens nicht nur die Verstärkung subjektiver Erlebniselemente zur Voraussetzung – vielmehr liegt die angedeutete Entwicklung auch darin begründet, dass das Licht in diese Subjektivitätsbereiche übergegangen ist und damit selbst die objektive Bedeutung des subjektiven Erlebens verstärkt hat.

Das hätte auf der anderen Seite zur Folge, dass das Sein und die Wahrnehmung tendenziell «lichtleerer» geworden sind. Da mit dem Licht stets auch eine Seite des Lebens oder des Belebens verbunden ist (beispielsweise im Sonnenlicht), kann davon ausgegangen werden, dass nicht nur die Helligkeit bzw. Dunkelheit des Lichtes, sondern auch die Lebensseite des Lichtes diesen Übergang mit vollzogen hat und mit vollzieht: Sein und Wahrnehmung sind in diesem Sinne auch vergleichsweise «lebensleer» geworden. Es ist hochinteressant, vor einem solchen Hintergrund die Entwicklung der technischen Medien wie Film und Fernsehen im 20. Jahrhundert zu betrachten und einmal vorauszusetzen, es würde sich dabei um eine Lichtwirklichkeit ohne wirkliches Leben handeln. Die technischen Medien als Träger einer Realität von Licht ohne Leben in Wahrnehmung und Sein benötigen permanent einen Ersatz des Lebens, beispielsweise durch künstliche Spannung oder illusionäre Sexualisierung. Es wird also ersatzweise eine Anspannungssteigerung aus dem seelischen (astralen) Bereich geboten, die das Defizit an wirklicher Lebendigkeit und Lebensgemäßheit ausgleichen soll. Die hier gebotenen Surrogate sind aber in der Regel nur im Erleben «auszukosten», jedoch nicht wirklich im Leben integrierbar. Mit diesen Aussagen soll keine Beurteilung der technischen Medien vorgenommen werden; sie sind unverzichtbar. Geblickt wird vielmehr auf den Teilaspekt der Illusionsbildung, die Leben verspricht, wo sich ein momentanes Erleben nicht ins Leben überführen lässt. Auch soll nicht behauptet werden, die technischen Medien hätten eine Trennung von Licht und Leben in der Wirklichkeit verursacht. Viel wahrscheinlicher ist nämlich die Vermutung, dass sich diese Medien technisch, wirtschaftlich und zivilisatorisch erst entwickeln konnten, als Licht und Leben in der Wirklichkeit schon auseinandertraten.

Selbstverständlich stellt sich die Frage, warum das Licht objektiv und subjektiv zugleich sein kann; vor allem aber, inwiefern es bei diesem Übergang des Lichtes eine Entsprechung von Sein und Wahrnehmung einerseits, Ich und Denken andererseits geben kann. Vorausgeschickt werden muss, dass unter Denken hier nicht nur Intellekt, Rationalität und Vernunft verstanden werden, sondern diejenige Erlebnisschicht, die für das Ich entsteht, wenn es durch das Denken *individuell* urteilsfähig und wahrheitsfähig wird. Denn durch das Erwachen des vernünftigen Urteils im Denken erschließt und vertieft sich der Mensch in der Jugend individuell Erlebnisbereiche, und die Menschheit insgesamt hat sich mit der Ausbildung des individuellen Denkens ganz neue Erlebens- und Lebenshöhen wie -tiefen erarbeitet.

Hier erhält der Begriff der Imagination eine weitreichende Bedeutung und Hinweiskraft. Denn der Übergang des Lichtes von der «Objektivität» des Seins zu der «Subjektivität» des Ich kann sich nur vollziehen, weil auf beiden Seiten Imagination wirkt. Imagination ist nicht nur eine Kraft im menschlichen Bewusstsein und Erleben, sondern sie ist auch eine Kraft in der Wirklichkeit und in der Natur. Im menschlichen Erleben schafft Imagination Erlebnisinhalte, Erlebniszusammenhänge, erlebte Bilder; in der Wirklichkeit (beispielsweise der Natur) schafft eine entsprechende imaginative Kraft die Zusammenhänge des Lebens. Es handelt sich also in beiden Fällen um Imaginationskraft: im Bewusstsein als Kraft, die Bild-, Begriffs- oder Erlebniszusammenhänge herstellt, in der Natur um diejenige Kraft, die zusammenhangbildend etwa Wasser- und Luftwirksamkeit verbindet, die Pflanzenwachstum und andere Prozesse bewirkt.

Imagination gibt es demnach im Bewusstsein des Menschen und im Lebenszusammenhang der Natur. In früheren Epochen der Menschheitsentwicklung war ganz selbstverständlich, dass dieselbe Kraft, die in der Wahrnehmung wirkt, auch in der wahrgenommenen Natur wirksam ist. Beispielsweise wurde das Sehen nicht nur als eine Wiedergabe vorliegender sichtbarer Wirklichkeit betrachtet, sondern als die Bezeugung eines Zusammenhangs in der Wirklichkeit durch einen wesens-verwandten Erlebniszusammenhang im Menschen, der sich der entsprechenden organisch-leiblichen Ausstattung des Auges bedient. In dieser älteren Betrachtungsart war die ätherisch-imaginative Entsprechung des Seinszusammenhangs einerseits und des Wahrnehmungs- bzw. Erlebniszusammenhangs andererseits vorausgesetzt: Wahrnehmung nicht als Abbild der Wirklichkeit, sondern als eigene Realität. In der Wahrnehmung kommen Lebenswirklichkeit etwa der Natur und Erlebenswirklichkeit im Menschen zusammen. Beide verbindet ein zugrundeliegender ätherisch-imaginativer Prozess, der erst vollständig ist, wenn zum Leben (der Natur) auch das Erleben (des Menschen) hinzukommt.

Dass diese ätherisch-imaginative Entsprechung nicht mehr so erlebt wird, wirft die Frage auf, ob das Gegenwartsbewusstsein tatsächlich nur «vernünftiger» geworden ist und «erkannt» hat, dass das Wahrnehmungsbild nur «wiedergibt», was «draußen» Realität ist. Vielleicht kann es demgegenüber sinnvoll sein, in Betracht zu ziehen, ob sich nicht die Entsprechung von Leben und Erleben selbst aufgelöst oder zumindest gelockert hat. Dann könnte überlegt werden, ob in der oben angedeuteten Weise das Herausfallen aus dem ätherisch-imaginativ-lebendigen Zusammenhang von Wahrnehmung und Wirklichkeit eine entsprechende «leere» technische Medienrealität mit sich gebracht hat. Die Welt und die Natur werden als geistig und seelisch «leer» erlebt, Bewusstsein und Leben haben sich so getrennt, das Bewusstsein erscheint nur noch als totes Bild, das Leben nur noch als bewusstlose Realität, das Denken nur noch als abstrakte Reflexion von Gesetzmäßigkeiten (und nicht als individuelles Bilden von Begriffszusammenhängen, den Realitäten entsprechend). Das Sein wird nur noch als bewusstseinsfern, das Erleben nur noch als wirklichkeitsfern empfunden. Im Zuge dieser Entwicklung hat sich das Erleben des eigenen Organismus und auch des Wahrnehmungsorganismus «verobjektiviert». Der Leib erscheint als biologische Funktion, das leib- und wahrnehmungsgestützte Selbstgefühl als subjektive Befindlichkeit ohne wirkliche substanzielle Eigenrealität und doch in Entsprechung zu der leiblichen und natürlichen Realität.

Nun stellt sich die Frage, ob ein geisteswissenschaftlicher Begriff des Menschen, ob ein von dort aus impulsiertes Selbstgefühl und Welterleben wieder in der Lage sind, die ätherisch-imaginative Entsprechung von erlebendem Ich und lebendiger Wirklichkeit herzustellen. Wenn ein solches Erleben in neuer Weise möglich wäre, könne auch eine substanzielle Verwandtschaft von erlebendem Ich und erlebter Natur gesehen werden – jetzt allerdings in neuer Weise, d.h. unter den Bedingungen des emanzipierten und individualisierten Ich. Ob die lebendige Entsprechung von empfindendem Ich und lebendiger Wirklichkeit des Seins bzw. der Natur wieder Lebensgrundlage des Ich werden kann, hängt nicht zuletzt vom menschlichen Ich ab. Denn dieses menschliche Ich hat im Selbstgefühl Subjektivität und Objektivität zugleich im Erleben; das Selbstgefühl repräsentiert somit die hier gemeinte ätherisch-imaginative Entsprechung von Bewusstsein und Sein, von Erleben und Leben. Zu hoffen wäre, dass ein Erwachen des Ich im Selbstgefühl zu einer neuen Erfüllung auch der Wirklichkeit werden kann. Dieser Zusammenhang setzt allerdings voraus, dass im Selbstgefühl nicht nur illusionäre Empfindung, dass in Natur und Wirklichkeit nicht nur «objektive» und erlebnisgleichgültige Prozessualität wirkt.

Imaginative Wirklichkeit ist letztlich ein Lichtzusammenhang, im erlebenden Bewusstsein des Ich *und* im Leben, im Sein, in der Natur. Das Ich kann durch Ausbildung des Denkens allmählich sensibel für den Lichtzusammenhang werden; es entsteht eine Art «Hellfühligkeit» für Lichtverhältnisse. Wo nicht nur «nachgedacht» wird, sondern Zusammenhänge im Denken eigentätig gebildet werden, kann der Lichtzusammenhang, der in Bewusstsein und Wirklichkeit wirkt, vom Ich nachgeahmt, aufgespürt, empfunden und wahrgenommen werden. Denn die Kraft, mit der das Ich eigenständig Gedanken bildet, kann sich zu einem Organ für das Licht entwickeln. Zunächst bemerkt oder «fühlt» das Ich durch dieses neue Organ Licht bzw. Dunkelheit, die rein sinnlich nicht sichtbar sind. Im zweiten Schritt kann das Bemerken des allein sinnlich nicht sichtbaren Lichts zu einem Wahrheitsgefühl werden, das sich mit dem Selbstgefühl des Ich verbindet. So wird allmählich die Fähigkeit, Licht zu empfinden, im neuen Selbstgefühl zu einer sublimen Existenzgrundlage für das Ich.

In der eigentätigen Bildung von Begriffszusammenhängen

wirkt eine Kraft, die auch in der Wirklichkeit, beispielsweise in der Natur wirksam ist. Diese Kraft ist Wahrnehmung und Sein, Zeugnis und Substanz zugleich. Imagination ist Sein und Erkenntnis des Seins; Imagination ist Erleben und Leben; Imagination verbindet auf diese Weise heute für das Ich Existenz und mentale Referenz. Diese Entsprechung ist erst möglich geworden, nachdem das Ich im Denken und durch das Denken und infolge der Entwicklungsschritte des 20. Jahrhunderts einen bestimmten Individualitätsgrad erreicht hat. Damit befindet sich das Ich in einer Existenzsituation, die als imaginative Wirklichkeit Bewusstsein und Sein gleichermaßen umfasst; das Bewusstsein ist damit nicht nur Wiedergabe oder Ausdruck des Seins, sondern hat an ihm teil – umgekehrt gehört zum Sein das Bewusstsein, ohne dass das Sein (nicht nur für das Ich) keine wirkliche Geltung und Realität besitzt. In der verbindenden Schicht der Imagination können sich Bewusstsein und Sein gegenseitig zum Zeugnis werden, und diese gegenseitige Resonanz wird vom Ich im Lichtempfinden wahrgenommen.

Erkenntnis oder Wahrnehmung stellt dann nicht mehr allein fest, was in der Wirklichkeit «ist». Es wird nicht einfach etwas bemerkt, was im Leben und im Sein bereits Tatsache oder vollzogen ist. Vielmehr entsteht ein Verhältnis gegenseitigen Bemerkens oder *wechselseitiger Reidentifikation*. Im Gefühl für das Licht findet das Ich im Sein und im Leben wieder, was es als Lichtgefühl aus der Erkenntnis und der Empfindung kennt; und im Empfinden, Erkennen, Erleben identifiziert es ein Lichtgefühl, das es aus Lebenszusammenhängen und als Natursituation kennt. Das Ich tritt also mit dem zur Imagination verdichteten Denken in eine Lichtsphäre als gemeinsame Wirklichkeitsschicht von Denken und Sein ein. Dort wird das

Denken als Empfindung lichtfähig; mit anderen Worten: das Ich-Bewusstsein tritt durch das Licht in die Realimagination ein. Zugleich wird damit diese Imaginationswirklichkeit ichfähig.

Das Ich verdichtet im Selbstgefühl also das Bewusstsein zur Imagination, indem es das Licht spürt und aufnimmt. Mit dem Aufnehmen des Lichts verdichtet sich das Bewusstsein (das Denken, die Empfindung, die Wahrnehmung) zum Leben hin, es bildet nicht mehr nur Leben und Wirklichkeit ab. In demselben Vorgang wird andererseits die Imaginations-Licht-Schicht des Lebens und des Seins (etwa der Natur oder des Karma) bewusstseinsfähig, ohne als Bewusstsein den Lebens- bzw. Seinscharakter zu verlieren. Naturerkenntnis oder Karmaerkenntnis wäre dann entsprechend nicht die nachträgliche Feststellung einer Realität, sondern das sich im Selbstgefühl begegnende Ich in der gegenseitigen Imaginationsschicht des Lichtes von Bewusstsein und Sein.

Dieser Prozess vollzieht sich im Einzelnen so, dass das Denken lichtvoll wird, indem es einen Erkenntniszusammenhang bildet, der in sich imaginative Elemente enthält. Denn nur dasjenige Denken geht über Vorgegebenes und «Nachdenken» hinaus, das in der Lage ist, Zusammenhänge auch imaginativ herzustellen. Damit zieht durch die Imagination ein Lichtprozess insofern in das Denken ein, als ein Erkenntnisfortschritt entsteht, der nicht allein Widerspiegelung bereits vorliegender «Wahrheit» ist. Dieses Licht im Denken, das den Imaginationszusammenhang bildet, verbindet sich im Empfinden des Ich mit einem Wärmeelement: das Ich nimmt im Erleben Anteil, es verfolgt eine Intention, es entwickelt ein Interesse an dem imaginativen Lichtzusammenhang. Dadurch verbindet sich das Licht in der Imagination mit dem Selbstgefühl des Ich und wird darin wärmefähig – Wärme und Licht kommen im Ich zusammen.

In dieser Wärme existiert das Ich seelisch und geistig zugleich, d.h. es handelt sich dabei um eine Kraft des irdischen wie des geistigen Menschen. Die Imagination partizipiert auf diese Weise an der Ich-Wärme und wird dadurch lebendig, geht in den Bereich des Lebens über. Sie verlässt also den Bereich des Erlebens, der Erkenntnis und des Bewusstseins und tritt mit dem Leben in den Bereich des Seins ein. Dieser Übergang wird ermöglicht durch die Wärme, mit der das erlebende und intentionale Ich die Imagination menschlich begleitet.

Auch in der Wirklichkeit selbst, etwa in der Natur, wirkt imaginative, d.h. zusammenhangs- und prozessbildende Kraft. Diese Imagination des Lebens- und Seinszusammenhangs wartet gleichsam auf die Wärme, die aus dem imaginativen Ich-Bereich auf sie zukommen kann. Hier findet ein wirklicher substanzieller Austausch statt, und das entsprechende Erleben des Ich ist nicht nur «subjektiv». Nur kann die wirksame Wärme nicht physisch, sondern allein imaginativ-ätherisch sein; auch eine rein seelische (astralische) Wärme kann durch die Imagination des Lebens- und Seinszusammenhangs nicht rezipiert werden. Mit dieser Aussage ist gemeint, dass in der Wirklichkeit nicht diejenige Wärme wirksam werden kann, mit der das Ich seelisch einen Erkenntniszusammenhang beglückend findet. Allein diejenige Wärme kann die Wirklichkeit imaginativ aufnehmen, die entsteht, wenn das Ich selbst an einem Denkzusammenhang aus Interesse, Intention und *inhaltlichem* Erleben beteiligt ist – nicht durch ein Empfinden, das diesen Inhaltsbezug nur seelisch begleitet oder «kommentiert». Die imaginativ-seelische Empfindung des Ich ist der Wirklichkeit näher verwandt als eine rein seelische Empfindung.

Hier entsteht eine neue Möglichkeit der Verbindung von Ich und Welt. In dieser Imagination berühren sich Bewusstsein und Leben, stehen sich nicht länger als gegebene Realität und deren bloße Widergabe gegenüber. Für das Ich verbinden sich Existenz und innerliche Referenz, Leben und Bewusstsein: das Ich-Bewusstsein steht nicht mehr neben dem Leben, sondern es wird in der Imagination selbst Leben, und das Leben wird mit der Imagination in der Ich-Wärme bewusstseinsfähig. Damit nähern sich auch karmische *Wirklichkeit* und die *Erkenntnis* von Reinkarnation und Karma an. Schicksalserkenntnis spiegelt nicht mehr einfach gegebene karmische Wirklichkeit wieder. Sondern in der Imaginationsschicht, die durch die Ich-Wärme Erkenntnis und Sein zugleich ist, partizipiert das Ich unmittelbar an der Schicksalsentwicklung: es erkennt sie, indem es sie bildet, und es bildet sie, indem es sie erkennt. In ähnlicher Weise wird das menschliche Ich in seinem Erleben neues Element der Natur, und die Natur wird in diesem imaginativ geführten Erleben selber Element menschlichen Bewusstseins. Daraus ergibt sich ein neuer Begriff der Ökologie, in dem deutlich wird, dass durch die Ich-Wärme in der Imagination vom Ich aus neue Entwicklungsimpulse in die Natur übergehen können und dort auf ein ebenso imaginatives Gebiet treffen, das sie verwandeln.

Wenn neue Entwicklungsimpulse auf diese Weise in die Lebens- und Schicksalssphäre gelangen, wenn das Bewusstsein so substanzielle Seinskraft gewinnt, sind zugleich das Leben und das Sein im Empfinden des Ich wirklich bewusstseinsfähig, ohne dadurch abstraktes Abbild zu werden. Die Erkenntnis und das Erleben selbst werden im Ich Lebens- und Seinsvorgang. Damit wird für das irdisch inkarnierte Ich einheitliche Wirklichkeit, was sich in früheren Entwicklungsepochen für die Erdeninkarnation trennte: Erkenntnis und Sein. Während Erkenntnis und Sein in der nachtodlichen Existenz und etwa auch für den Engel ungetrennt bleiben, zeichnete sich das menschliche Erdensein gerade dadurch aus, dass mit der Geburt die Seite des Seins sich von derjenigen des Bewusstseins trennte. Die gesamte menschliche Biografie kann unter dem Aspekt betrachtet werden, wie Sein und Bewusstsein sich immer stärker differenzieren und zugleich sich die Erkenntnis dem Sein anzunähern versucht, ohne dies wirklich erreichen zu können. Während die ältere Esoterik vom Engel ohne weiteres aussagen konnte, für ihn sei wirklich, was er erkennt, und er erkenne nichts anderes als das, was wirklich sei; und darüber hinaus: alles, was der Engel erkenne, sei er selbst, und er sei nichts anderes, als was er erkenne – genau so stand (und steht) bisher fest, dass für das inkarnierte menschliche Ich Erkenntnis und Wirklichkeit auseinandertreten. Auch die Einsicht des deutschen Idealismus, der Begriff sei Wahrheit oder Wirklichkeit, blieb im Grunde genommen Postulat. Durch die soeben betrachtete Verbindung von Imagination im Bewusstsein und Imagination im Sein, die nun möglich geworden ist, scheinen sich diese Verhältnisse grundsätzlich ändern zu können.

Damit tritt Karma-Erkenntnis nicht als abbildendes Bewusstsein, sondern als Wirklichkeitsempfindung in das Selbsterleben des Ich ein. In diesem Erleben wird bewusstseins- und erlebnisfähig, was früher durch die Zeit der Inkarnation hindurch nur *geschah*. Konkret ist dies möglich, indem in demselben Imaginationsgeschehen, mit dem das Ich am Leben partizipiert, die Lebenselemente empfindend werden. Die ätherisch-elementarische Welt selber erhält so ein erstes subtiles Bewusstseinsgeschehen, indem sie an der Ich-Wärme Teil hat. In der ätherisch-elementaren Wirklichkeit begegnen sich erlebendes Bewusstsein des Ich und Sein; damit wird das Inkarnations-Geschehen jetzt bewusstseinsfähig, und das Bewusstsein partizipiert am Seinsprozess, verliert seinen früheren Abbildcharakter. Der Überkreuzungspunkt von Bewusstsein und Leben wird sowohl zur Existenzform als auch zur Erkenntnisform des Ich. Beide Seiten begegnen sich im Erleben und Selbstgefühl des Ich, das durch imaginative Kraft im zusammenhangbildenden Denken entsteht.

In diesem neuen Selbstgefühl des Ich kommt es immer wieder zu wechselseitigen Impulsierungen von Bewusstsein und Leben, zu gegenseitigen Resonanzen, die zugleich Entwicklungs- und Erkenntniskraft sind. Zugleich wird damit in einem ersten Schritt der alte Gegensatz von irdischer und geistiger Existenz für das Ich überwunden. Die erste Stufe geistiger Wirklichkeit ist Erdenrealität geworden. Was in Berichten von früheren Einweihungen als Schwelle zur Elementarwelt dargestellt wird, kann sich nun zu einer neuen Existenzebene des Ich auf der Erde entwickeln: das imaginativ-ätherische Erleben und Leben.

Zweifellos bietet dieser Übergang dem Verständnis zunächst massiven Widerstand. Manche Gewohnheit in der Betrachtung der Natur und von Reinkarnation und Karma muss überwunden werden, und auch der Begriff des «Karma-Erlebens» oder der «Rückführung» in vergangene Inkarnationen bedarf der Revision. Denn Schicksalswirklichkeit stellt sich nun offenbar nicht in einem Rückblick auf vergangene Inkarnationen dar, sondern mit einer gegenwärtigen Präsenz in demjenigen Lebensaugenblick, in dem sich im Selbstgefühl des Ich die Imagination des Bewusstseins mit der Imagination des Seins verbindet. Eine solche Verbindung verlangt höchste Erlebnispräsenz des Ich *jetzt*, in diesem Moment – und in demselben

Augenblick ist als Bewusstsein und Sein enthalten, was als karmische Wirklichkeit bezeichnet werden kann

Allmählich kann eine Differenzierung im Lichtempfinden dazu führen, dass sich für das Ich verschiedene karmische Schichten unterscheiden lassen. Hier zu leicht von «früheren Inkarnationen» zu sprechen, wäre irreführend, denn es steht sich in diesen Differenzierungen ja nicht ein Ich-Bewusstsein gegenüber, das seine verschiedenen Entwicklungsschritte als Modifikationen seiner selbst erleben könnte. Vielmehr begegnen sich Verhältnisse zwischen Bewusstsein und Leben, zwischen Sein und Erkenntnis, die in ihren unterschiedlichen Spielarten gar keine Kontinuität des Ich-Bewusstseins zulassen – bis zu demjenigen Punkt, an dem das Verbindende von Bewusstsein und Leben als Selbstgefühl des Ich erlebbar wird. Dass sich an einem solchen Punkt Erkenntnisschwierigkeiten ergeben müssen, liegt in der Natur der Sache. Denn sowohl für das Naturerleben als auch für die Schicksalserkenntnis gilt nun, dass wahrheitsfähig nur ein Bewusstsein sein kann, das selbst in die Wirklichkeit eintritt. Damit wird Subjekt der Schicksalserkenntnis dasjenige Ich, das sich selbst mit dem Bewusstsein auf diese Seinsstufe begeben kann – das Ich kann dann nicht mehr erkennen, was es nicht auch «ist», wo es sich nicht existenziell-lebendig befindet.

Nahe liegend ist, dass damit sich auch die Beziehung von Vergangenheit, Gegenwart und Zukunft verändert. Denn nun gilt für den biografischen wie für den karmischen Zusammenhang, dass Vergangenheit im strengen Sinne nicht mehr als «geschehen» oder «gegeben» gelten kann. Selbstverständlich liegt Vergangenheit auch vor; aber ihre Aktualisierung in dem imaginativ-ätherischen Übergang des Selbstgefühls vom Bewusstsein zum Sein kann sie radikal modifizieren. Nicht nur die Zukunft, sondern auch die Vergangenheit wird damit zu einer Resonanz des Ich, das sich *jetzt*, also in der Gegenwart an dem Überkreuzungspunkt von Bewusstsein und Leben, von Erkenntnis und Sein selbst zu greifen vermag. Damit wird biografische und karmische Vergangenheit nicht nur anders verstanden, sondern sie wird, indem sie neu erlebt wird, auch substanziell zu etwas, was sie bisher, also bis zu diesem Augenblick, noch nicht hätte werden können – und was sie auch nicht werden könnte, wenn sich diese Realisation im Selbsterleben des Ich nicht vollziehen würde.

Selbsterkenntnis und Selbstentwicklung sind nicht mehr zu trennen; so sicher gilt, dass keine Selbstentwicklung ohne Selbsterkenntnis möglich ist, so sicher muss nun auch eingelöst werden, dass jede Erkenntnis, und insbesondere die schicksalsbezogene, einen Entwicklungsschritt des Ich voraussetzt. Das unverwandelte Ich ist schlichtweg nicht wahrheitsfähig; hier gilt das Verdikt des rein «subjektiven» Erlebens zu Recht, zumal in gestrigen Bereichen. Der Entwicklungsschritt für das Ich, der bis in die Veränderung des Selbstgefühls hinein notwendig ist, besteht nun darin, sich selber mit der intentionalen und erlebenden Wärme an der Imaginationsbildung im Denken so zu beteiligen, dass in der Erkenntnis selbst der Übergang zum Sein stattfinden kann.

In Konstitution und Reinkarnation steht sich das Ich fremd gegenüber

Das Leben der Natur, aber auch das Leben in der Biografie bildet einen Zusammenhang: in der Natur ist er beispielsweise als biologischer Prozess in der Pflanze oder als Ablauf des Tages oder des Monats gegeben; in der Biografie stellt sich dieser Zusammenhang als die persönlich erlebte Schicksalsentwicklung dar. Auch im Bewusstsein und im Denken zeigen sich Zusammenhänge, sobald etwa Ursache und Wirkung verknüpft werden oder Erlebnisse sich abrunden und gegen ähnliche oder andere Eindrücke abgrenzen. Die Kraft, die in allen genannten Bereichen zusammenhangbildend wirkt, ist im vorangegangenen Kapitel als Imagination bezeichnet worden. Imaginationskraft waltet im Bewusstsein und im Leben, und das Ich gewinnt zunächst Zugang zu dieser Kraft, indem es im Denken selbsttätig Zusammenhänge bildet. Das Ich, das diese *Kraft* im Denken erleben kann, gewinnt mit der Empfindung dieser Kraft Zugang zu der imaginationsbildenden Kraft im Bewusstsein und im Leben. Beide Imaginationsschichten sind heute durch die entsprechende Denkerfahrung zugänglich.

Der im Sommer 1924 gehaltene *Heilpädagogische Kurs* Rudolf Steiners hat einen zentralen menschenkundlichen Ausgangspunkt: die Erkenntnis, dass das Ich vorgeburtlich individuell den Organismus für die kommende Inkarnation bildet, und zwar durch die *Kraft* der eigenen Begriffsbildung und des Denkens. Damit schafft sich das Ich die Entwicklungsgrundlage für das bevorstehende Erdenleben selbst, möglichst angemessen zu den Entwicklungsaufgaben, die sich ihm stellen. Wirkt dieses Denken vorgeburtlich in irgendeiner Weise defizitär, so kann der Leib nicht hinreichend Entwicklungsgrundlage für das Erden-Ich werden; hier kann dann auch die Ursache für viele spätere Organerkrankungen liegen.[29]

Das Ich spiegelt in seinem vorgeburtlichen Denken also nicht eine gegebene Leibeswirklichkeit wieder, sondern es *schafft* durch die Zusammenhangsbildung in Begriffen die Wirklichkeit des Leibes. Nach den Ausführungen im vorangegangenen Abschnitt kann nun festgestellt werden, dass heute offenbar für das Ich die Möglichkeit besteht, an diese schaffende vorgeburtliche Kraft des Denkens *im Erdenleben* anzuknüpfen. Indem nämlich die irdisch bewusste Denkkraft des Ich eine Empfindung für das Lichtgeschehen in beiden geschilderten Imaginationsschichten ausbildet, knüpft das Denken mit dieser Empfindung an seine eigene vorgeburtliche Kraft an: das Lichterleben für Bewusstseinszusammenhänge entspricht der lichthaften Realimagination im Leben und in der Wirklichkeit, und damit betritt das Ich in der Erdenexistenz diesen Bereich des wirklichkeitsschaffenden Zusammenhangbildens. Hier kommen also irdisch in der Kraft des Denkens die konstitutions-(leib-)bildende Kraft des Ich und die Bewusstseinskraft des Ich zusammen, und gerade darin findet ein Anschluss an die vorgeburtliche Situation statt – jetzt aber unter irdischen Bedingungen. Das abgeschattete, d.h. Wirklichkeit lediglich *abbildende* Denken des inkarnierten Ich verbindet sich mit dem konstitutionsschaffenden Denken der vorgeburtlichen Existenz. Damit überschreitet das irdische Denken heute auf der Erde die Schwelle zur eigenen geistigen Existenzwirklichkeit.

So kann das irdische Ich sich in einer neuen Empfindung

befähigen, den karmisch entscheidenden Überkreuzungspunkt von Bewusstsein und Leben zu erfassen – in einem Bewusstsein, das zugleich Leben ist, und in einer Lebensschicht, die bewusstseinsfähig ist. Beides kommt im Lichtempfinden der Imagination zusammen, die sowohl Leben als auch Bewusstsein umfasst. Indem sich beide Imaginationsschichten heute für das irdische Ich berühren, kann der Ansatz des *Heilpädagogischen Kurses*, der dem ersten Viertel des 20. Jahrhunderts entstammt, zu Beginn des 21. Jahrhunderts vom Ich selbst in eine irdisch-konkrete Empfindungs- und Erlebensschicht überführt werden. Damit setzt sich der menschenkundliche Ansatz des *Heilpädagogischen Kurses* im Leben und in der Schicksalsentwicklung fort. Die beiden völlig unterschiedlichen Wirklichkeitsschichten des Denkens im Bewusstsein und des Denkens als konstitutions-(leib-)bildende Kraft kommen in dem Imaginations-Lichterleben des Ich in einer Wirklichkeitsdimension zusammen, in der sich Leben und Bewusstsein nicht mehr gegeneinander separieren. In diesem Sinne ist der *Heilpädagogische Kurs* Rudolf Steiners heute gegenwärtig: nicht als menschenkundliche Lehre, sondern als Schicksalskraft im Leben und in der Realität, aber auch im möglichen Bewusstseinsraum des Ich.

Aus dem Erkenntnisansatz des *Heilpädagogischen Kurses* ist also eine Empfindungs- oder Erlebnismöglichkeit aus dem Denken für das Ich entstanden; das Denken, das dort als vorgeburtlich konstitutionsbildend beschrieben wird, hat sich in eine Empfindungsfähigkeit des Ich zur Lichtwahrnehmung in den Dimensionen der Imagination entwickelt. Die Denkkraft bildet für das irdische Ich eine Gefühlsfähigkeit zur Lichtwahrnehmung aus, also nicht nur zur Wärme- bzw. Kälteempfindung. Durch diese Kraft des Ich, die an die vorgeburtliche

Denkkraft anknüpft, erhöht sich nun auf der Erde die Sensibilität in vielen Gebieten: im Denken, in der Aufmerksamkeit, im Erleben von Stimmigkeit und Unstimmigkeiten einschließlich einer Empfindung von Konsequenz und Kontinuität bzw. Diskontinuität, bis hin zur Intensivierung im Bereich der Sinneswahrnehmung und neuen empfindungshaften Bewusstseinszugängen zu Organfunktionen. Wie Bewusstsein und Leben sich in der neuen Wirklichkeitsschicht des Ich verbinden, kann man sich an der Tatsache verdeutlichen, dass eine Erhöhung der Sensibilität, also einer Bewusstseinsleistung meist auch die Intensivierung eines Lebensprozesses entspricht. Damit tritt das Denken, das bisher dem Leben gegenübertrat und es bestenfalls widerspiegeln konnte, selbst in das Gebiet des Lebens wieder ein.

Zunächst drängt geisteswissenschaftlich gesehen das Denken den Organismus und das Leben zurück. Es kann individuell biografisch und auch menschheitsgeschichtlich verfolgt werden, wie das Ich mit der Ausbildung des Denkens aus zuvor ganz selbstverständlich und natürlich gelebten Prozessen heraustritt, sich ihnen gegenüberstellt und sich auch von ihnen emanzipiert. Durch das Denken entsteht zunächst eine gewisse Distanz zur eigenen Leibes-, Lebens-, Seelen- und selbst zur mitgebrachten Sozialorganisation. Die Existenz war zuvor umfassend durch die eigene Konstitution auf all diesen Gebieten bestimmt; nun tritt sie aus den eigenen Voraussetzungen heraus, indem sie in der freien Urteilsbildung ein neues Lebenselement für das Ich findet. Man entfremdet sich in gewisser Hinsicht von der eigenen Konstitution, wird in den genannten Bereichen der gegebenen oder vorausgesetzten Konstitution gegenüber distanzierter, verhält sich weniger selbstverständlich; damit wird man meist auch weniger geschickt und weniger umgänglich, vielleicht sogar in gewisser Hinsicht künstlich und «aufgesetzt» – eine notwendige Folge, wenn das Ich sich nicht mehr auf eigene Voraussetzungen, Ausstattung und gegebene Talente stützt. So stellt das Denken biografisch wie menschheitlich allmählich eine Distanz zu den eigenen Grundlagen her, wird sich selbst gleichsam konstitutionell fremd, indem es das Selbstgefühl aus dem im weitesten Sinne konstitutionellen Bereich in die Urteilsbildung und das Denken verlagert; andernfalls wäre keine Weiterentwicklung über die Grenzen der mitgebrachten «Konstitution» hinaus möglich.

Eine ähnliche Distanz, wie sie das Ich durch das Denken gegenüber der eigenen Konstitution aufbaut, besteht gegenüber der eigenen karmischen Vergangenheit. Bestünde diese Distanz zur eigenen karmischen Vergangenheit nicht, so wäre ähnlich wie in der Biografie auch über Inkarnationen hinweg keine wirkliche Weiterentwicklung möglich. Vielmehr würde eine vorangegangene Inkarnation, an die das Ich auch im Erleben leicht anknüpfen könnte, nur einfach fortgesetzt. Die Distanz zu den eigenen karmischen Voraussetzungen ist in der Regel *gegeben*, die Distanz zu den eigenen konstitutionellen Grundlagen dagegen *entsteht* durch die geistige Selbstaktivierung, die das Ich im Denken vollzieht. Es ist auch möglich, dass die Distanz zur eigenen Konstitution und allen mitgebrachten Lebensvoraussetzungen nicht in *dieser* Inkarnation allein entstanden ist, sondern durch eine starke Denkwirkung der vorangegangenen Inkarnation von vornherein besteht oder zumindest angelegt ist.

Mit der doppelten Distanzierung ist das Ich heute sich selbst ein Fremder geworden. Diese Fremdheit wird seit einigen Jahrzehnten immer mehr spürbar, findet ihren Niederschlag in Selbstgefühl und Befindlichkeit, sogar in Kulturstimmungen und ihren literarischen Resonanzen. In der doppelten Distanzierung gegenüber den eigenen konstitutionellen und den karmischen Grundlagen wirken allerdings unterschiedliche Bewusstseinsgrade. Die Fremdheit gegenüber der eigenen karmischen Vergangenheit ist normalerweise sehr viel tiefer unbewusst als diejenige gegenüber der «gegebenen» Konstitution. Aus dem Blickwinkel der Ich-Existenz in Reinkarnation und Karma ergibt sich allerdings daraus eine wichtige und neue Perspektive: aus dieser Fremdheit heraus wird für das Ich, das sich selbst in dieser zweifachen Hinsicht gegenübersteht, eine karmische wie konstitutionelle Selbstidentifikation erst jetzt wirklich möglich. Eine solche Selbstidentifikation, genauer Reidentifikation ist allerdings auch zunehmend notwendig, wenn sich das Ich selbst nicht fremd bleiben will. Wäre es nicht zu dieser doppelten Entfremdung gekommen, so wäre keine wirkliche Freiheit und Ich-Emanzipation möglich gewesen. Nun kann sich das Ich wirklich *mit sich selbst* identifizieren, bleibt nicht mit den eigenen karmischen und konstitutionellen Existenz*bedingungen* identifiziert. Die zweifache Entfremdung führt zu einer Freiheit, in der sich das Ich selbst finden und seine Beziehung zu den beiden Existenzvoraussetzungen bemerken kann, ohne sich mit ihnen zu identifizieren.

Die karmische und die konstitutionelle Grundlage für die jetzige Inkarnation besitzen darüber hinaus auch gegeneinander eine Fremdheit. Die jetzige konstitutionelle Voraussetzung ergibt sich aus der karmischen *geistig*, d.h. als eine Entwicklungskonsequenz für die (aus der Sicht der vorangegangenen Inkarnation) zukünftige Inkarnation. Aber die leibliche, seelische, soziale und familiale Konstitution ist nicht einfach aus der karmischen Vergangenheit ableitbar. Beispielsweise sind die konstitutionellen Wirkungen der Herkunftsfamilie neben der eigenen karmischen Disposition zu berücksichtigen, und die Dynamik, die sich aus den umfassenden konstitutionellen und lebensbezogenen Bedingungen ergibt, kann durchaus in einer Spannung zur rein karmischen Entwicklungsdynamik stehen. Erst aus der gegenwärtigen Geisteslage des Ich, die beiden gegenüber fremd geworden ist, kann sich die wirkliche Beziehung und damit auch die esoterisch-individuelle Nähe von konstitutioneller und karmischer Voraussetzung zeigen bzw. ergeben. Zugespitzt formuliert verbindet so das gegenwärtige Denken in seinen imaginativ getragenen Empfindungswirkungen Konstitution und Karma. Damit zeigt sich jetzt in einer Folgewirkung des bewussten Denkens die schaffende kraft-, lebens- und konstitutionsbildende Seite des vorgeburtlichen Denkens; und in dieser schaffenden Kraft des Denkens zeigt sich seine Ich-Individualität tragende und formgebende Kraft, so dass hier die Wesensnähe von Ich und Denken, von Individualität und Intellektualität auf der Kraftebene (nicht zu verwechseln mit Intellektualisierung und Intellektualismus) in Erscheinung tritt.

Man muss sogar hinzufügen, dass erst durch die konstitutionelle Selbstentfremdung die bewusste Reintegration dieser Existenzdimension möglich geworden ist. Indem sich das Ich von seinen Lebensvoraussetzungen distanziert, ist es gezwungen, diese Voraussetzungen durch starke Willensanstrengung bewusst zu ersetzen. Beispielsweise hat die Distanzierung gegenüber eigenen seelischen Eigenschaften notwendig die Folge, dass das Ich sich selbst neue seelische Grundlagen geben muss; die Distanzierung gegenüber eigenen körperlich-konstitutionellen Voraussetzungen, etwa dem Schlafbedürfnis, bedingt eine Ich-Aktivität, die die entsprechenden «mitgebrachten» Erlebnis- und Verhaltensweisen seelisch-leiblich ersetzt.

Das Ich tritt also mit Bewusstseinskraft in Bereiche der eigenen Existenz ein, die vorher unbewusst oder halbbewusst funktionierten. Damit wird ein Bereich konstitutionellen *Lebens* nach und nach zugänglich für ein Ich-*Bewusstsein*, das letztlich aus dem Denken stammt. Im Ich verbinden sich Bewusstsein und Leben in neuer Weise: in das Ich-Bewusstsein kann eine Lebensseite durch den willentlichen Aufbau neuer und freier konstitutioneller Eigenschaften einziehen, und damit erhält die Lebensgrundlage ein Bewusstseins- und Empfindungslicht. Die geistige Dimension der Konstitution wird erkennbar oder erahnbar, weil das Ich mit dieser Willensausrichtung bewusst an die Kraft des vorgeburtlichen Denkens anknüpfen kann, das die Konstitution aufbaut. So wird die Konstitution und ihre Umarbeitung zu einem Element bewussten und tätigen Ich-Verhaltens. Nur durch ihre Umarbeitung kann die mitgebrachte Konstitution vom Ich bewusst reintegriert werden, sonst bleibt sie letztlich fremd – oder das Ich bleibt mit ihr selbstverständlich identifiziert und damit unfrei.

Die neue Entwicklung ist möglich, weil das Ich im Übergang zur Lichtempfindung in der Imagination den Kraftaspekt des Denkens auf der Erde realisiert hat, aus dem heraus es früher nur vorgeburtlich wirken konnte. So ist in der neuen Ich-Entwicklung menschheitsgeschichtlich die Chance zu einer Gesamtintegration von Konstitution und karmischer Voraussetzung in das bewusste Selbstgefühl des Ich gegeben. Die gegenseitige Entsprechung und Stimmigkeit, Zugehörigkeit und Zusammengehörigkeit von Ich-Bewusstsein, Ich-Konstitution und Ich-Karma kann sich zeigen oder herstellen, wenn das Ich beginnt, in dem Berührungs- und Überkreuzungspunkt von Bewusstsein und Leben zu existieren, wie er in der Entsprechung von Imagination im Bewusstsein und Imagination im Leben vorliegt. Nun ist es möglich, neben der konstitutionellen Voraussetzung auch die eigene karmische Vergangenheit in das bewusste Selbstgefühl des Ich zu reintegrieren, und zwar durch einen Bewusstseins- *und* durch einen Lebenszugang, also nicht mehr durch karmischen Rückblick, Deutung und Vergangenheitsbezug. Dieser Vergangenheitsbezug ist solange das einzige Mittel karmischer (Selbst-)Erkenntnis gewesen, wie die beschriebene Reintegration der eigenen konstitutionellen Voraussetzungen noch nicht möglich war.

Indem die eigene Konstitution durch die Distanzierung und die anschließende Reintegration zugänglich wird, kann sich das Ich von dort aus auch den eigenen karmischen Voraussetzungen nähern. Es kann eine Zusammengehörigkeit von Ich-Bewusstsein, Konstitution und karmischer Vergangenheit leise empfunden werden – die Entsprechung von Konstitution, früherer Inkarnation und bewusstem wie schaffendem Denken wird spürbar. Von diesem Moment an kann aus dem Erleben der Zusammengehörigkeit von Karma, Konstitution und Denken für das Ich in den drei Gebieten eine *Reidentifikation* stattfinden; denn das Ich verbindet mit den drei Gebieten jeweils ein ganz bestimmtes, wenn vielleicht zunächst auch nur ungenaues Selbstgefühl. Die Differenzierung der drei Selbstgefühle (in unterschiedlichem Bewusstheitsgrad) in der bewussten Denkregion, in der karmischen und in der konstitutionellen Dimension erlauben nun eine wechselseitige Bezugnahme.

Nachdem sich das Ich durch das eigenständige Denken die eigene Konstitution gleichsam fremd gemacht hat, kommt ihm die eigene karmische Vergangenheit, die vorher notwendig fremd und sogar antipathisch, wenn nicht bedrohend ist, in neuer Weise entgegen. Was sich aus ihr entwickelt hat, die konstitutionelle Ausstattung, hat eine Angleichung, eine Zugänglichkeit für das denkende Bewusstsein und das auf ihm beruhende Selbstgefühl erhalten; damit ist die Wirkung der vorangegangenen Inkarnation für das Ich-Bewusstsein zugänglicher geworden. In demselben Vorgang wird die letzte Inkarnation selbst für das Ich-Bewusstsein, das an die Kraftseite des Denkens Anschluss gefunden hat, nicht nur verständlich, sondern auch im Erleben reintegrierbar.

Dieser Schritt führt über eine bloße «Erkenntnis» früherer Inkarnationen hinaus. Das Ich kommt im gegenwärtigen Leben in der Dimension karmischer Wirklichkeit an; letztere bildet sich dabei weniger in Einsichten über die Vergangenheit zurückliegender Inkarnationen, als vielmehr in einem Selbstgefühl des im Denken schaffenden Ich aus – denn es ist dieses Ich, das in den zurückliegenden Inkarnationen, auf die geblickt werden kann, sich selbst die Entwicklungsgrundlage für die gegenwärtige Möglichkeit des Erwachens in der eigentlich karmischen Dimension geschaffen hat.

So ist karmisches Bewusstsein ein Selbstgefühl und eine Lebenshaltung des Ich; in welcher Form nach rückwärts gerichtete Einsichten darin einen Platz finden, ist nicht die entscheidende Frage. Auf jeden Fall steht fest, dass der Blick zurück ähnlich vielfältig, aussagelos oder aussagefähig ist, wie etwa die Aussage «gestern war ich in Berlin». Alles hängt davon ab, was an und mit dieser Aussage erlebt wird; wie gut ich Berlin kenne und was ich damit verbinden kann; welche Rolle das gestrige Ereignis wirklich heute spielt; wie es meine Lebenshaltung und mein Selbstgefühl geprägt hat; wie sehr ich «dranbleiben» kann und was ich daraus mache. In diesem Sinne ist die Vorstellung oder Vermutung, der reine karmische Blick zurück könne irgendetwas eröffnen, leicht eine Illusion. Und man muss noch hinzufügen: auch die Vergangenheit ist kein vorliegender oder gegebener Faktor der Wirklichkeit. Was gestern die Realität in Berlin war, kann sich vielleicht erst heute oder morgen oder im nächsten Jahr herausstellen – und das ist dann nicht nur eine andere «Deutung» des gestrigen Erlebnisses in Berlin, sondern es stellt sich dann erst heraus, was gestern Wirklichkeit war. Man könnte sogar die Ansicht vertreten, diese gestrige Wirklichkeit *wird* erst dann, wenn ich sie in mir realisiere. Denn das Bewusstsein ist auch in diesem Fall nicht nur Wiedergabe, sondern substanzieller Bestandteil der Wirklichkeit.

So muss auch die karmische Vergangenheit durch das Ich, das heute für sie aufwacht, erst «nachträglich» qualifiziert werden. Karmische Vergangenheit muss nicht nur verstanden, sondern erst gebildet werden; man könnte sogar formulieren, dass in der karmischen Vergangenheit eine Sensibilität für die *heutige* konstitutionelle und bewusste Ich-Situation entstehen muss. Erst dann rundet sich diese karmische Vergangenheit zu einer Wirklichkeit des Ich; ohne diesen Vorgang war die karmische Vergangenheit, waren vorangegangene Inkarnationen noch nicht vollständig: in ähnlicher Weise, wie auch meine Jugend und Kindheit noch nicht vollständig sind, solange ich ihre entscheidenden Aspekte noch nicht jetzt in mir realisiert habe.

Dieser Schritt ist in letzter Konsequenz erst mit der heute erreichten Individualisierungschance des Ich, auch in die konstitutionellen Grundlagen hinein, erreicht worden. Es musste sich nämlich zunächst die heutige Ich-Bewusstseins-Situation ebenso für die karmische Vergangenheit sensibilisieren, wie sie sich auch für die eigenen konstitutionellen Grundlagen und damit für die eigene Lebensdimension sensibel machen musste. Erst an diesen Schritt kann in einer Art Rückwirkung, die aber in Wahrheit Gegenwartswirkung ist, die karmische Vergangenheit für und von derjenigen Ich-Individualität sensibilisiert werden, deren Entwicklungsgrundlage sie in der Vergangenheit war. Von ihr aus wird sie erst voll verständlich, aber nicht nur im Sinne einer nachträglichen Deutung, sondern ihre Umfänglichkeit, ihre Substanz, ihr Wesen wird erst sichtbar, wenn das Entwicklungsziel diese Wesenssubstanz gleichsam auch nach hinten ausstrahlt.

Diese Sensibilisierungen und Vervollständigungen der biografischen wie der karmischen Vergangenheit stellen letztlich erst eine wirkliche Ich-Individualität und Ich-Identität her. Denn die Vergangenheit wird in dieser Weise in die gegenwärtige und die zukünftige Entwicklung miteinbezogen, und erst dadurch vervollständigt sie sich zu dem, was sie eigentlich ist. Andernfalls hätte man es doch mit heterogenen, nicht wirklich identitätsfähigen Entwicklungsstufen des Ich und mit einer «vergangenen», d.h. abgelegten und unfreien Vergangenheit zu tun. Das Ich wäre dann von dieser Vergangenheit determiniert, zumindest stünde sie ihm als eigener Entwicklungsschritt unveränderbar gegenüber.

Es liegt auf der Hand, dass diese karmischen wie biografischen Vergangenheitsqualifikationen sich auch zwischenmenschlich vollziehen können. Es ist möglich, dass sich erst in einem solchen Vollzug zeigt, was in der Begegnung mit bestimmten Menschen wirklich liegt; dass erst dann sich Knoten von Beziehungsproblemen lösen oder in einem anderen Licht darstellen; dass erst dann auch in die zwischenmenschlichen

Beziehungen, die biografisch oder karmisch determiniert erscheinen, Freiheit einzieht – und erst dann wird, indem die Vergangenheit und zwischenmenschliche Verhältnisse als gegenwärtige Lebens- wie Bewusstseinssituationen des Ich begriffen und gelebt werden, Freiheit wirklich real. Zu vermuten ist wie mehrfach angedeutet, dass solche Entwicklungsschritte erst nach dem 20. Jahrhundert und damit auf einer bestimmten Stufe der Individualisierung denkbar geworden sind.

Die Reintegration der eigenen karmischen Vergangenheit in das Selbstgefühl des Ich und damit in die Lebensgegenwart, beginnt oft untergründig mit einem schwellenartigen Antierleben gegen die individuelle Form des Ich, die man selbst in einer vergangenen Inkarnation war. Dabei handelt es sich um einen basalen Prozess in der Empfindung, vielleicht so grundlegend, dass der Gedanke, das massive antipathische Erleben könnte mit eigener Vergangenheit zu tun haben, weit ab liegt. Schwellenartig ist diese Empfindung, die eine Art untergründiges Lebensgefühl bilden kann, insofern, als das Ich sich hier in einem willentlich tangierten basalen Erleben, in einer empfundenen, als Nicht-Ich selbst begegnet. Ein solches Erleben weist weit über einen reinen Bewusstseinsprozess hinaus; vielmehr wird Karmaerkenntnis als Bewusstseinsprozess darin von vornherein transzendiert, d.h. aus der Region der Abbilderkenntnis herausgehoben und wirklich mit dem Leben des Ich verbunden. Gerade das basale, nahe der Willensregion angesiedelte antipathische Empfinden verbindet das Bewusstsein dieser früheren Individualität, die man selber war, mit der realen Lebensebene und damit mit demjenigen Ich, das auch in der eigenen Konstitutionsbildung wirksam war. Ein solches Bewusstsein übersteigt von vornherein jeden Abbildcharakter und siedelt sich in derjenigen Region an, aus der heraus das Ich vorgeburtlich in der Kraft des Denkens selbst konstitutions- und organismusbildend gewirkt hat.

Zeichen für dieses zutiefst karmische Erleben ist die basale Ablehnung, die fast zum Erschrecken tendiert und in der gegenwärtigen Biografie durchaus zu einer Schwellenempfindung werden kann. Aber ein solches untergründiges Antierleben treibt das Ich um, mehr oder weniger bewusst. Dadurch entsteht im Laufe von Jahren eine Modifikation des Selbstgefühls; dieses kann sich schließlich nach langer Zeit geradezu «umdrehen» im eigentlichen Wortsinne: indem es ganz anders wird, als es sich zunächst dargestellt hat, wird es rückschaufähig. Es kann keine wahre karmische Einsicht ohne eine Modifikation des Selbstgefühls geben, ohne die schmerzhafte Verwandlung derjenigen Empfindungsgrundlage, mit der das Ich so hoch identifiziert ist, die ihm die alltägliche Existenzsicherheit verleiht. Das Selbstgefühl kommt an eine Grenze, wird problematisch, und gerade dadurch verbindet es als eine mittlere Existenzdimension die beiden Pole Bewusstsein und Leben, die für karmische Wirklichkeit auch im Erleben integriert werden müssen.

So kommen gerade in der schmerzhaften Metamorphose des Selbstgefühls Bewusstsein und Leben, karmische, konstitutionelle Faktoren und das denkende Bewusstsein zusammen. Damit diese möglich ist, muss das mitgebrachte und selbstverständliche Selbstgefühl infrage gestellt werden und verschwinden. Das ist heute die vielleicht schwierigste karmische, zugleich existenzielle wie spirituelle «Aufgabe»; sie stellt sich in dem doppelten Wortsinn, als Entwicklungsaufgabe und als Verzicht. Da dieser Verzicht schmerzhaft ist, kann er nicht anders denn als existenzielle und spirituelle Grenze zugleich erlebt werden.

Dieser Verzicht ist nur möglich, wenn das Ich sich die geistigen Voraussetzungen geschaffen hat, eine solche Situation auch zu verstehen. Zudem muss die Willensbereitschaft bestehen, die Leere und die Wüste zu durchwandern, die entsteht, wenn die Selbstverständlichkeit gegenwärtigen Selbstgefühls aufgehoben wird. An die Stelle einer solchen Selbstverständlichkeit muss durch starke Willenskraft der Keim für ein neues Selbstgefühl treten, das die Punktualität gegenwärtiger Inkarnation transzendiert: ein Selbstgefühl, das nicht mehr selbstverständlich gegeben ist, sondern sich aus einer Grundhaltung entwickelt und speist, die existenziell und spirituell zugleich ist. Damit öffnet sich das Selbsterleben des Ich zunächst für die eigenen konstitutionellen Bedingungen, dann für die eigenen Entwicklungsvoraussetzungen, die in vergangenen Inkarnationen liegen. Dann spielen die früheren Inkarnationen in das Selbstgefühl hinein und werden dort als umfassende Ich-Empfindung Realität; denn es ist im Grunde nicht möglich, dass sie sich als Wirklichkeit in einem selbstverständlichen gegenwärtigen Selbstgefühl nur abspiegeln.

Damit wird aus Vergangenheit Gegenwart, indem sich das Ich willentlich gerade für das Selbsterleben der Zukunft öffnet. Zukunft liegt dabei in der Empfindung, die erträgt, dass die Selbstverständlichkeit des Selbstgefühls verloren geht und letzteres auf eine Hoffnung gründet, die auf den Glauben an die Schaffenskraft der eigenen geistigen Intention vertrauen kann. Mit einfacheren Worten: das selbstverständliche Selbstgefühl des Ich wird bis in alle Empfindungen, Stimmungen und Weltverhältnisse hinein abgelöst von einer Empfindung, die sich auf die Konsequenz und Kontinuität der eigenen geistigen Bemühung stützt.

Die neue karmische Empfindung umschließt auch die Welt

In seiner «Geschichte der Philosophie» sagt Hegel im Hinblick auf die Psychologie des Aristoteles: «Nach der Empfindung ist das Empfundene gleichgemacht, und ist, was das Empfindende ist.»[30] In dieser Perspektive sind der empfindende Mensch und das von ihm Empfundene nicht zu trennen; eine solche Perspektive auf die menschliche Seele ist letztlich der Gesichtspunkt des menschlichen Ich – das Ich lebt auch in der Empfindung aus dem, was es empfindet. Dadurch ist es nicht mit seiner Empfindung oder mit dem Empfundenen identisch, aber Empfindung und Empfundenes, Ich und erlebte Welt oder erlebtes Selbst sind nicht zu trennen.

Etwas später heißt es in Hegels «Geschichte der Philosophie»: «Wenn dasjenige, das Möglichkeit des Hörens ist, wirkt, und ebenso, das Möglichkeit des Schallens ist, wirkt, das beides Wirksames zugleich ist, so ist Hören; ... so ist die Energie des Empfundenwerdenden im Empfindenden.»[31] Die «Möglichkeit des Hörens» liegt in demjenigen, der hört; die «Möglichkeit des Schallens» liegt in dem Gehörten, im Laut. Beide Seiten sind ihrem Sein nach zu trennen, nicht aber ihrer Wirksamkeit nach: sobald eben die Wirklichkeit der Horempfindung gegeben ist, gehören Subjekt und Objekt zusammen. «Mein Sehen ist rot, so sagt die Reflexion, es ist ein rotes Ding da; aber es ist eins, – mein Auge, mein Sehen ist rot, und das Ding. Dieser Unterschied und diese Identität ist es, worauf es ankommt ... Die Reflexion des Bewusstseins ist die spätere Unterscheidung des Subjektiven und Objektiven ...»[32] Erst die spätere Reflexion differenziert zwischen Sehendem und Gesehenem, reißt Subjekt und Objekt auseinander. Die Differenzierung selbst ist notwendig, darf aber nicht dazu führen, dass die «Einheit in der Differenz»[33], die in der Empfindung des Ich liegt, verloren geht. Dieser Zusammenhang gilt für alle Bereiche, in die hinein sich das Ich mit seiner Empfindung begeben kann – also im Sinne der vorangegangenen Darstellungen auch für diejenige Empfindung, mit der das Ich geistige Bereiche berührt. Dabei handelt es sich um eine Empfindungsart, die das Ich durch seine Erfahrung im eigenständigen Denken von Zusammenhängen ausbildet.

Eine Verobjektivierung der Außenwelt isoliert das Ich. Es kann auch noch die Verobjektivierung des Eigenen hinzutreten: wenn das Ich sich selbst als nur Funktion von seelischen Wirkungszusammenhängen (seelischen Mechanismen) und von «objektiven» körperlichen Gegebenheiten und Kräften (z.B. genetischen Bestimmungen) begreift. Die dazugehörende Gegenseite ist stets die Subjektivierung des Innenlebens: mein Erleben ist mir zwar wichtig, aber es bleibt rein subjektiv; es kann über die Welt und den anderen Menschen «objektiv» nichts oder wenig aussagen. In der Gewöhnung an ein solches Erleben, in seiner Konsolidierung und Habitualisierung liegen große ahrimanische und luziferische Probleme der Gegenwart. Die Welt, oft auch der eigene Körper und die eigene Seele stehen dann dem Ich wie fremd gegenüber (ahrimanisches Problem), und das Ich erlebt sich seelisch intensiv, bleibt aber mit sich allein (luziferisches Problem). Es liegt auf der Hand, dass beide Problemstellungen zusammengehören und sich gegenseitig verstärken. Die Zusammengehörigkeit von Ich und Welt in Empfindung und Denken ist nicht nur philosophisch und weltanschaulich, sondern sie ist auch für das Erleben und vielleicht sogar für das Sein verlorengegangen. Hier kann sich in gefährlicher Weise die Einschätzung Rudolf Steiners realisieren, in der er zum Ausdruck bringt: Der Mensch wird zunehmend zu dem, als was er sich zu denken vermag.[34] Hinzuzufügen wäre gegenwärtig die Frage, ob der hier gemeinte Vorgang nicht auch schon die Wirklichkeit außerhalb des Menschen erfasst hat – wenn der Mensch sich selbst subjektiviert und isoliert, wird die Welt selbst menschenfrei, ich-los, nachdem die menschliche Seele und der Leib menschenfrei, ich-los geworden sind. Die Wirklichkeit geht in eine nichtmenschliche Eigendynamik über.[35]

In den Lebenswirkungen der Anthroposophie durch die Jahrzehnte des 20. Jahrhunderts, durch die Schicksalswirkungen derjenigen Menschen, die von Anfang an mit der Anthroposophie verbunden waren, aber auch durch die beschleunigte Dynamik des 20. Jahrhunderts selbst hat sich die Beziehung von Ich und Welt stark verändert – nur muss diese Veränderung auch bemerkt und gelebt werden. Es kommt viel darauf an, die Verhältnisse zwischen Ich und Welt, von Subjekt und Objekt in ihrer Entwicklung zu erleben und aus diesem Bewusstsein heraus auch zu realisieren. Denn das Ich geht in den angedeuteten Wirkungen allmählich in eine gewisse Geistselbst-Dimension über und wird darin zur zehnten Hierarchie. Es löst den Engel mit bestimmten nur menschlich und irdisch möglichen Qualitäten ab. Diese Entwicklung ist in früheren Jahrhunderten vorausgesehen worden; bereits Johannes Scotus Eriugena im 9. Jahrhundert, Alanus ab Insulis im 12. Jahrhundert und auch Thomas von Aquin im 13. Jahrhundert haben eine solche (aus damaliger Sicht) Zukunft angekündigt.[36] Für den Engel gilt, dass Bewusstsein und Sein, Subjekt und Objekt identisch sind: der Engel denkt, dasjenige, was *ist*, und es *ist* dasjenige, was der Engel denkt; auch Selbsterkenntnis und Gegenstandserkenntnis fallen für den Engel zusammen – wenn er nicht die Welt erkennt, verdunkelt sich sein Selbstbewusstsein, und wenn er sich nicht selbst erkennt, wird die Welt für ihn finster.[37] Auch für den Menschen können sich Bewusstsein und Sein, Subjekt und Objekt im Erleben annähern, wenn für das Ich michaelisch reale Erfahrungen im eigenständigen Denken von Zusammenhängen vorangegangen sind. Dann können sich heute für das Ich Kraft und Bewusstsein im Erleben verbinden. Damit ist eine neue karmische Situation eingetreten, in der das Verhältnis von Mensch und Welt, von Mensch und Mensch, aber auch die Beziehung des Ich zu seiner karmischen Entwicklung in neuem Licht erscheinen.

Im Zuge dieser Entwicklung kann auch das Verhältnis von Imagination und Inspiration eine Veränderung erfahren. Durch das eigenständige und selbstverantwortliche Denken von Zusammenhängen hat sich das Ich gleichsam inspirationsfähig gemacht: es kann jetzt Zusammenhänge empfinden, die zuvor im Dunkeln blieben – und die sich individuell nur diesem Ich zeigen können. Solche «inspiriert» erlebten Zusammenhänge können nun in einem weiteren Schritt wie verflüssigt, verlebendigt werden; sie werden dadurch stärker imaginativ. Indem sich in dem neuen Gedankenerleben und der dadurch sich allmählich ergebenden Empfindung des Ich Kraft und Bewusstsein verbinden, wird ein inspiratives Geschehen in der neuen Empfindungsschicht imaginativ. Aber diese Imagination unterscheidet sich in mancher Hinsicht von der Imagination, die im Sinne des von Rudolf Steiner beschriebenen Schulungsweges der Inspiration vorangeht. Die neue Imagination ist nämlich nicht «irrealer» als die Inspiration, sondern eher wirklicher. Sie wird eine Art Eingangstor in ein neues

Naturerleben, weil sie der ätherischen Wirklichkeitsschicht verwandt ist. Diese Imagination berührt die Schwelle der Elementarwelt, ätherisiert sich in Lebensprozessen, empfindet Entwicklungszusammenhänge – aber nicht als deren Abbild, sondern als eine verwandte Seins- und Wirklichkeitsschicht. Ähnlich wie beim Engel bildet hier die Erkenntnis das Erkannte nicht nur ab, sondern teilt mit ihm die entsprechende Wirklichkeitsschicht.

Das Denken von Zusammenhängen, die nicht vorgegeben sind, macht das Ich inspirationsfähig; diese Inspiration ist aber noch Bewusstsein, das dem Sein gegenübersteht. Diese Inspiration nun kann sich zu einer neuen Imagination hin verdichten, verflüssigen, realisieren. In der neuen Imagination zeigt sich eine Subjekt-Objekt-Identität, und darin ist sie die Wirklichkeit gewordene Inspiration. Die Inspiration, die verdichtete Imagination geworden ist, lebt im Selbstgefühl des Ich, und in diesem Selbstgefühl bleibt die Inspiration nicht nur erkannter «Inhalt», sondern sie wird zu einem Sein im Selbstgefühl, in dem Objekt und Subjekt nicht mehr auseinanderfallen. – An dieser Entwicklungsmöglichkeit wird deutlich, dass sich im Laufe des 20. Jahrhunderts auch die Bedingungen und Wirkungen des Schulungsweges verändert haben.

Dafür musste das Ich im 20. Jahrhundert einen schwierigen Weg gehen, der auch die Erdenverhältnisse als spirituelle Schulungsebene umfasst. Dieser Weg ist nicht denkbar ohne die zeitgeschichtlichen, individuellen und historischen Leidenssituationen, die das 20. Jahrhundert für das Ich gebracht hat. Im Menschen- und Individualschicksal dieser Zeit konnte das Ich eine Kraft ausbilden, die als *abstrakter Wille* bezeichnet werden kann: die Fähigkeit, sich zu erhalten, wenn Ziel und tragendes Selbstgefühl, Sinn und innere Ausrichtung zusammengebrochen sind. Mit dieser Entwicklung des Ich, mit der Fähigkeit, im abstrakten Willen zu bestehen, wenn weder die Empfindung, noch der Bezug auf sich selbst, noch die äußeren Bedingungen, noch eine Zukunft intentional sichtbar wird; sich zu halten mit den entsprechenden Risiken und Ambivalenzen, in der Depression und Aussichtslosigkeit, in der Isolation und einem Bewusstsein von Verhängnis, das sich in dieser Dimension erst im 20. Jahrhundert zeigen konnte – durch die Entwicklung dieser Kraft zu einem abstrakten Willen konnte sich die durch das Denken von Zusammenhängen gewonnene Inspiration zur Imagination verdichten. Diese neue Imagination entsteht mit dem neuen Selbstgefühl, das seinerseits aus dem abstrakten Willen, aus der Wüste der Aussichtslosigkeit hervorgeht. Das neue Selbstgefühl ist reale Imaginationskraft, die sich zur Wirklichkeit hin öffnet. Hier geht dann nicht mehr Sein ins Bewusstsein über, sondern das Bewusstsein geht zum Sein über. Das Bewusstsein, das sich im abstrakten Willen zu einem neuen Selbstgefühl aufbauen konnte und damit innere Realität wurde, kann jetzt durch die dabei aufgewendete Kraft des Ich auch in denjenigen Bereich übergehen, in dem die Wirklichkeit der Außenwelt ätherisch-elementar real ist.

Das inspirationsfähige Bewusstsein, das aus dem eigenständigen Denken von Zusammenhängen hervorgegangen ist, wird in dieser *neuen* Imaginationsschicht seinsfähig. Damit vollzieht das Ich vom Denken her den Übergang vom Bewusstsein zum Sein. Die neue Imagination ist in diesem Sinne kein Aufstieg in den Geist, keine Vergeistigung des Ich, sondern eher ein Abstieg des vorher zum Geist aufgestiegenen Ich in die ätherische Wirklichkeit. Bei diesem «Abstieg» aber zeigt sich die Imagination in gewisser Hinsicht als «realer» als die vorher durch das Denken gewonnene Inspirationsfähigkeit.

Denn diese Inspiration steht der irdischen wie geistigen Wirklichkeit noch «gegenüber», ihr Wirklichkeitsbezug ist noch herzustellen. Die neue Imagination dagegen ist selbst Bestandteil der ätherischen Wirklichkeit, die in Sein und Bewusstsein zugleich gegeben ist und wirkt. Die neue karmische Empfindung des Ich enthält eine Imaginationsschicht, in der sich Sein und Bewusstsein verbinden. Damit hat sich für die karmische Einbindung des Ich ein weitreichender Entwicklungsschritt vollzogen. Das Ich lebt jetzt in der karmischen Wirklichkeit; die erwachte Lebensgegenwart und das Schicksal differenzieren sich nicht mehr gegeneinander. Im neuen Erleben des Ich ist das Karma gegenwärtig; es kann sich jetzt in die Vergangenheit hineindifferenzieren – der Zugang vollzieht sich aber durch das Ankommen des Ich im Lebensaugenblick, in der neuen ätherisch realitätsfähigen Empfindung.

In der «alten» Imagination haben Sein und Schein, Sein und Bewusstsein sich gemischt. Deshalb bestand und besteht für das Ich beim Berühren der Schwelle zur ätherischen Welt in der Imagination die Gefahr, Schein mit Sein zu verwechseln, in ein illusionäres Erleben hineinzugeraten. Diese Gefahr ergibt sich aus der Charakteristik ätherisch-elementarer Wirklichkeit, die ja die erste Realität jenseits der Schwelle darstellt: hier fehlt das Widerlager der physischen Welt, durch die Realitätsprüfung fast erzwungen wird. – Die «neue» Imagination dagegen geht aus der denkerisch geschulten Inspirationskraft hervor. Die «neue» Imagination bedeutet also in gewisser Hinsicht einen Abstieg; das Ich befindet sich in einer anderen Situation. Einerseits hat es individuell wie zeitgeschichtlich im 20. Jahrhundert die Erfahrung des Nichts hinter sich – weder weltanschaulich, noch geistig, noch persönlich, noch zwischenmenschlich konnte es sich in hergebrachter Weise noch halten. Es stützt sich rein noch auf die Erfahrungen des abstrakten Willens, mit dem es weitergeht, auch hineingeht in eine Denkfähigkeit, die gerade aus dem erlebten Nichts heraus Zusammenhänge bemerken kann, die nicht bemerkt werden konnten, solange das Ich noch positiv «erfüllt» war. Das Ich musste sich zunächst von aller Vergangenheit befreien, auch vom selbstgetragenen selbstverständlichen Selbstgefühl. Beim «Abstieg» aus der neuerworbenen Inspirationsfähigkeit kommt es jetzt also zunehmend aus dem Nichts, das durch den eigenen abstrakten Willen wieder verdichtet werden muss (und verdichtet werden kann). Merkwürdigerweise besteht hier ein Zusammenhang zur ätherischen Wirklichkeit: Der Aufstieg des Ich in dieses Nichts (der Wirklichkeit, des Selbstgefühls, aber auch des freien Denkens von Zusammenhängen) hat die ätherische Wirklichkeit so «entdichtet» und vergeistigt, dass nun die Gegenstandswelt wie ätherisiert erscheint und damit *als Wirklichkeit* imaginationsfähig geworden ist. Das Ich ist der ätherisch-elementarischen Wirklichkeit entgegengegangen, und die Wirklichkeit ist auf das Ich in seiner neuen ätherischen Erlebnisform zugegangen; Bewusstsein und Sein berühren sich nun im neuen Ich-Empfinden innerhalb der ätherischen Wirklichkeit.

Ähnliches gilt auch für die geistige Welt, nur in umgekehrter Weise. Sie *entdichtet* sich nicht, sondern sie *verdichtet* sich in der astralen Wirklichkeitsschicht zum ätherischen Sein hin. Beispielsweise kann der Anblick des Sternenhimmels oder ein geistiger Zusammenhang nun ätherisch-elementar von derjenigen Empfindungsschicht des Ich erlebt werden, die das neue Selbstgefühl des Ich ausmacht. Hier hat also eine gewisse Verdichtung zum Ätherisch-Elementaren stattgefunden, die für das Ich erlebbar ist – aber auch hier wieder nicht nur als Abbild, sondern als Wirklichkeit. In gewisser Hinsicht kann man formulieren: Die geistige Welt wird hier so entgeistigt, dass sie für das Ich in der neuen Empfindung wahrnehmbar wird. Um diese Dimension geistigen Erlebens zu erreichen, muss das Ich aber zuvor durch das angedeutete Nichts der eigenen Existenz – der biografischen und der zeitgeschichtlichen; aber auch durch das Nichts des eigenen Denkens und des Bildens von Zusammenhängen gleichsam im freien Raum hindurchgegangen sein. Nur dann kann sich das neue Erleben illusionsfrei einstellen; ätherisch-geistiges oder ätherisch-astralisches Erleben *vor* dieser Entwicklungssituation des Ich wird dadurch in noch höherem Maße als zuvor täuschungsanfällig. Wichtig ist, dass in dem neuen Empfinden sich dokumentiert, wie auch im Hinblick auf die geistige Welt Erkenntnisvorgang und Wirklichkeitsvorgang sich aufeinander zu entwickelt haben, so dass sie sich nun in dem ätherisch-elementaren Erleben begegnen können. Damit ist eine Situation gegeben, die bisher auch geisteswissenschaftlich noch nicht erreicht war und als solche bemerkt, geistig identifiziert und praktiziert werden will.

Von diesem Punkt der Entwicklung an können die Begriffe Aufstieg und Abstieg ihren Sinn und Inhalt tauschen. Der Aufstieg des Ich in das Nichts des abstrakten Willens[38] und des freien Bildens von Denkzusammenhängen kann, vom Gesichtspunkt einer früheren Lebenserfüllung und Lebensselbstverständlichkeit her gesehen, auch als Abstieg gelten. Und der geistige Abstieg des Denkens in die neue ätherisch-imaginative Wirklichkeit der Realimagination ist im Grunde auch der Aufstieg des gesamten Seins in diese Wirklichkeitsschicht hinein. Geistige Höherentwicklung bedeutet nun stets auch eine Lebensvertiefung; die Lebensvertiefung ist nur möglich, wenn das Ich über das Denken gleichsam seine Vergeistigung im

Nichts vollzogen hat und dabei alle Vergangenheit, auch die früher seelisch-geistig tragende, überwindet.

Die neue imaginativ-ätherische Wirklichkeit liegt in dem karmisch realen neuen Empfinden, im Erleben des Ich, das damit umfassende Bedeutung und Verantwortung erhält. Dieses Erleben ist «subjektiv» und «objektiv» zugleich; es konnte nur aus einer Ich-Situation hervorgehen, in der auch das Selbstgefühl des Ich zumindest teilweise neu- und selbstgeschaffen sein muss. Dieses neue Selbstgefühl, das mit der karmischen Empfindung eins wird, bleibt nicht «innen». Es gewinnt einen Realitätsgrad, der für die irdische wie die geistige Welt Bedeutung besitzt. In dem Empfinden besteht auch eine neue Beziehung zu den Dingen, zu allen Gegenständen und Vorgängen, mit denen sich das Ich verbinden kann. Das Ich trifft sich gleichsam nun mit den Dingen in dem Bereich der neuen Imagination, die zugleich auch ätherische Wirklichkeit der Dinge ist. Das Erleben ist die neue Beziehung zu den Dingen der Welt (und auch der geistigen Wirklichkeit), und in dem Erleben liegt eine gewisse Verdichtung zum Sein hin.

Auf der anderen Seite vollzieht sich im gleichen Vorgang, als eine Art Reaktion auf das Betreten der realen Imaginationsschicht durch das Ich, eine grundlegende «Verflüssigung» der Gegenstandswelt, die als eine Reätherisierung bezeichnet werden kann. Diese Reätherisierung der Welt, das Eingehen der Dinge in die ätherisch-imaginative Wirklichkeit setzt die erlebens-imaginative Beziehung des zuvor beziehungslos gewordenen Ich zu den Dingen voraus. Zu vermuten ist, dass viele, die auf ihre Biografie im letzten Viertel des 20. Jahrhunderts zurückblicken, eine ähnliche Erfahrung beschreiben könnten, wenngleich vielleicht auch in ganz anderen Worten: dass nämlich nach dem Beziehungs- und Sinnverlust bis in die Bereiche des Selbst- und Lebensgefühls hinein eine neue Beziehungsschicht im Erleben sich zeigen kann, in der die Wirklichkeit sich völlig anders «anfühlt» als zuvor – vorausgesetzt, dass es dem Ich gelingt, die Phase des Nichts, also des abstrakten Willens und der reinen Denkzusammenhänge zu ertragen. Nicht vorschnell sollte dann die Frage beantwortet werden, ob das neue Erleben der Wirklichkeit allein auf eine veränderte innere Situation zurückzuführen ist, oder ob sich in dem Empfinden nicht auch die angedeutete «Ätherisierung» der Dinge selbst zeigt.

In der neuen Imagination rücken Bewusstsein und Sein näher zusammen. In der verlorenen Gegenstands- und Weltbeziehung des Ich geht in gewisser Weise auch das alte «objektive» Sein irdisch wie geistig unter. Denn dieses Sein war in seiner Selbstverständlichkeit und in seiner Gegebenheit an die Ich-Beziehung zu den Dingen gebunden: das vermeintlich völlig Objektive der Gegenstände (auch der geistigen) lebt in dieser Objektivität nur durch das selbstverständliche Verhältnis zum Ich. Wird dieses Verhältnis problematisch, so fällt auch die vorher ganz selbstverständlich geltende Objektivität. Es tritt dann das Denken, in dem sich das Ich hält, und der abstrakte Wille, mit dem das Ich «trotzdem» sich erhält, an die Stelle der früheren Wirklichkeitsobjektivität. Dadurch hat der abstrakte Wille, hat auch das ihn begleitende Denken etwas mit einem Schöpfungswillen aus dem Ich zu tun; nur aus dieser Situation heraus kann die Berührung von Sein und Bewusstsein in der neuen imaginativen Wirklichkeitsschicht entstehen.

Trotz der Annäherung von Bewusstsein und Sein bleibt selbstverständlich der Schein in der neuen imaginativen Erlebnisschicht erhalten: das Ich kann sich in seinem Empfinden täuschen, illusionär sein, Sein mit Schein verwechseln. Die

Überprüfung und Qualifikation geschieht durch das Ich in seiner Empfindungsbeziehung zu den Dingen. Eine solche Aussage klingt zunächst vermessen und gefährlich, denn zu Recht kann hier vermutet werden, damit sei dem Schein und der Illusion Tor und Tür geöffnet. Allerdings müsste man vor einem schnellen Urteil bedenken, dass das Ich selbst im Durchgang durch das Nichts eine Veränderung durchgemacht hat; dass es die radikale Selbstinfragestellung als Existenzsituation kennt; dass es dabei eine Grundhaltung der Realitätsprüfung vertieft gelernt hat. Es hat sich daran gewöhnt, die Frage zu stellen, wo es sich wirklich befindet, was in diesem Befinden tragfähig ist; und in dieser Überprüfung stellt es nicht nur die Eigenexistenz im Erleben fest, sondern auch diejenige der Dinge.

Dabei handelt es sich um eine neue Weltbeziehung in der ätherisch-imaginativen Lebensschicht, die eben nicht nur Erlebensschicht ist. Als Lebenswirklichkeit sind vielmehr darin die subjektive und objektive Seite verbunden – und die alte Trennung zwischen Innen und Außen bedarf der Revision. Ein solches Wirklichkeitsverhältnis beginnt in der eigenen Beziehung zu Licht und Farbe, beispielsweise im Hinblick auf Tagesverläufe, Morgen- und Abendstimmungen. Im Bereich von Natur- und Witterungserleben, auch im Umgang mit dem Tages- und Jahresverlauf im Hinblick auf Lichterlebnisse kann ein erstes Gebiet dieser neuen Wirklichkeit aufgehen. Die Beziehung zum Licht ist ein Anfang; es kann aber das Erleben, das darin entsteht, sich allmählich auf die gesamte Wirklichkeit ausdehnen.

Durch einen gewissen unmittelbaren selbstverständlichen Sachbezug in dem Erleben erhält die Empfindung und damit das Ich eine bisher nicht gekannte Objektivität, die das Selbstgefühl gerade begründet, keine Spannung zum Selbstgefühl aufbaut. Durch die Empfindung des Ich «entpsychologisiert» sich gleichsam die Seele, Entwicklung und Seelenveränderung können sich immer weniger rein innerseelisch vollziehen. Im gleichen Vorgang wird die Welt, werden die Dinge und Geschehnisse, aber auch geistige Zusammenhänge real gleichsam «seelischer», also menschen- und erlebnisnäher. Mit diesem Erleben tritt das Ich in eine Geistselbst-Wirklichkeit ein, die in früheren Epochen geistiger Entwicklung den Engel charakterisiert hat: Selbstgefühl und Weltgefühl, Selbsterkenntnis und Welterkenntnis sind nicht mehr voneinander zu trennen.

In einer solchen Entwicklungssituation entsteht neben der Illusionsgefahr, die man auch aus vergangenen Epochen gut kennt, die mindestens ebenso große Gefahr, den neuen Geistselbst-Ich-Erlebnisprozess zu verfehlen und weiterhin die Außenwelt (ahrimanisch) zu objektivieren, während das seelische Innensein des Ich sich (luziferisch) nur selbst zu empfinden meint. So ist gerade im Hinblick auf das Naturverhältnis die Frage, ob tatsächlich das eigene Erleben, beispielsweise der Abend- oder Morgenstimmung, nur innerlich relevant ist, während sich «da draußen» objektiv ein anderer Prozess vollzieht. Ist das Erleben des nächtlichen Sternenhimmels für das Ich nur «innerlich» von Bedeutung, während die Realität des Kosmos mit seinen Weltenkörpern von Raumsonden und Teleskopen «objektiv» erforscht wird? Welche Art der Beobachtung (die sich im Übrigen natürlich nicht ausschließen) ist eigentlich das bessere «Observatorium»? – Es muss einfach bemerkt werden, dass von dem Moment der Entwicklung an, an dem eine geistselbstbestimmte Existenzsituation Grundlage für das Ich wird, es für das Realitätsverhältnis wie für den Geistesweg andere Bedingungen als zuvor gibt. Es wird damit ein Kapitel im Welt- und Geistverhältnis des Ich aufgeschlagen, auf das Rudolf Steiner mit seiner Entwicklung der Anthroposophie hingeführt hat.

Selbstverständlich wäre in Zukunft noch genauer zu untersuchen, wie das neue Realitätsverhältnis und die Wirklichkeit von Imagination und Inspiration beschaffen sind. Eine unvoreingenommene Betrachtung der Anthroposophie Rudolf Steiners und der Entwicklung des 20. Jahrhunderts kann aber zu dem Bemerken führen, dass Imagination und Inspiration eine Annäherung von Bewusstsein und Sein vollzogen haben, dass sie einen Schritt weiter vom Bewusstsein zum Sein übergegangen sind: mit und durch das Ich, das eine ähnliche Entwicklung vollzogen hat. In der neuen Imagination wird die vorangehende seelische und biografische Notsituation des Ich (Beziehungsverlust auch der geistigen Welt gegenüber; prekäre Selbstgefühlsituation; abstrakter Wille) für die Neukonstitution der Gegenstandswelt wichtig. In einer Art Durchgangssituation, in einem merkwürden Überkreuzungspunkt von Ich-Situation und Welt-Situation verdichtet sich das Ich in der Imagination zur Wirklichkeit hin, während sich die Dinge gleichsam zum Erleben des Ich hin verflüssigen, aber in ihrer Wirklichkeit, nicht nur in der Erkenntnis und im Erleben.

Möglicherweise verliert die Geisteswissenschaft, verliert auch die menschliche Beziehung zum Geist mit dem Übergang zur neuen Imagination etwas von der alten inspirativen «Fülle». Es könnte sein, dass inhaltliche Regionen, Aussagen und Erkenntnisgebiete zunächst an Dichte, Farbigkeit und Bedeutung einzubüßen scheinen; dass beispielsweise Beschreibungen und Eindrücke aus dem Leben der Verstorbenen, Erkenntnisse zu den Hierarchien und Schilderungen aus karmischen Zusammenhängen gegenüber früheren geisteswissenschaftlichen Darstellungen wie reduziert erscheinen. Die Reduktion der alten «Fülle» könnte aber nur bedingt als Verlust gelten; denn vielleicht ist das geistige Bewusstsein der Gegenwart gegenüber früheren und noch etwas stärker «theosophisch» tangierten Darstellungen dunkler oder reduziert; auf der anderen Seite aber ist der neue imaginativ erschlossene Bereich (beispielsweise im Farben- und Naturzusammenhang) in dem begrenzten Raum, der hier erschlossen wird, der Wirklichkeit verwandt. Denn es verbinden sich in diesem ätherisch-imaginativen Bereich Bewusstsein und Sein, und damit wird hier ein Gebiet betreten, das im Erkenntnisbereich weniger farbig wird, im Seinsbereich aber eine Verdichtung erhält: es handelt sich um ein Gebiet, das das auf der Erde empfindende Ich mit den Verstorbenen und mit der dritten Hierarchie *teilt*, und zwar als Erlebens- *und* als Existenzbereich.

Die Ich-Form erreicht das Selbstgefühl und die Natur

Die Gegenwart kann eine neue spirituelle Ich-Form hervorbringen; sie liegt in dem Berührungspunkt des rein individuell Menschlichen und des Michaelischen. In dem rein Menschlichen begegne ich mir selbst in allen Dimensionen meines Seins, auch in den problematischen und peinlichen; das Michaelische meint eine nüchterne Geisteshaltung, in der ich mich auf eigene Denkzusammenhänge und auf die Fähigkeit stütze, mich persönlich und menschlich mit dem zu verbinden, womit ich mich geistig beschäftige. Die neue spirituelle Ich-Form ist einfach und konsequent, sie erfordert kein unterschiedliches Erleben, keine unterschiedliche Haltung im Leben und im Geistverhältnis. Darin besteht ein gewisser Purismus, der die Fülle aus der geistigen Welt und aus dem geistigen Inhalt eher abzieht. Dafür erhält aber das Irdisch-Menschlich-Seelische größere Fülle, indem Empfindung und Erleben jetzt eine geistige Dimension erfahrbar machen. Allerdings setzt die Nüchternheit, setzt aber auch die neue seelische Fülle wohl ein vorangegangenes Leidenserleben voraus (und die eigene Bewusstheit über dieses Leiden) – andernfalls könnte die neue irdisch-seelische Fülle leicht illusionär werden. Mit der Entwicklung zu dieser Ich-Form hin wird heute das Selbstgefühl *des Ich* geistig und auch irdisch-sachbezogen aussagefähig. Ich-Form und neues Selbstgefühl gehören zusammen; damit emanzipiert sich das Selbstgefühl aus seelischer Determination.

Der Michael-Gedanke der Anthroposophie kann für ein karmisches Selbstverständnis heute so gefasst werden: Durch

Michael ist die kosmisch-geistige Überlieferung in das Ich eingegangen.[39] Die Konsequenz, das Ergebnis und letztlich auch der «Rest» kosmisch-geistiger Entwicklung werden im Denken des Ich individualisiert. Diese individualisierte (und dabei auch notwendig zunächst abstrakt gewordene) Form des Geistes begegnet der *seelischen* Individualitätsentwicklung im Ich – beide Seiten befinden sich an einem gewissen Ende oder auch auf einer gewissen «Spitze»: der Geist in seiner individualisierten Ich-Form des Denkens, die seelische Individualitätsentwicklung in ihrer Steigerung durch das 20. Jahrhundert, aber jetzt auch durch den erreichten Grad von Bewusstsein durchaus ich-fähig geworden. In der michaelischen Zuspitzung des individuellen Denkens steckt die «Spitze» der kosmischen (geistigen) Entwicklung, in der seelischen Zuspitzung der Individualität eine Art Ergebnis oder Effekt der irdischen Entwicklung. Diese Ich-Situation ist für das Ich selbst risikobeladen und prekär, kann wirklich scheitern; aber es zeigen sich in ihr auch bisher nicht mögliche Entwicklungshorizonte des Ich.

Wenn sich im Ich die Spitze der michaelisch-kosmisch-geistigen Entwicklung und der irdisch-seelischen begegnen, entstehen aus der Ich-Form heraus neue Empfindungs- und Erlebnismöglichkeiten. Das Selbstgefühl wird geistig aussagefähig, die Empfindung reicht dann auch zum Beispiel in die Naturverhältnisse hinein, ohne dass diese problematisch subjektiviert werden müssen. So umfasst im 21. Jahrhundert im Menschen die Ich-Form auch das Gefühl und etwa das Naturerleben; zuvor war die Ich-Form im Werk Rudolf Steiners beim *Erleben* geistiger Zusammenhänge angelangt; und der mittelalterliche Aristotelismus konnte im 13. Jahrhundert, insbesondere im Werk des Thomas von Aquin, der Ich-Form durch das begriffsrealistische Denken geistige Zugangsweisen erschließen. Andererseits wird das Kosmisch-Geistige im 20. Jahrhundert, also an einem gewissen Endpunkt seiner Entwicklung, in der abstrakten Intellektualität des menschlichen Denkens zu einer dünnen, gleichsam pergamentartigen Membran. Es verliert das Leben, die geistige Tiefe und Substanz, wird reduziert auf abstrakte Formen und Inhalte des Denkens; geistige Inhalte werden an den Glauben und an die Religion bzw. an die Überzeugung einer subjektiven Weltanschauung delegiert. Aber aus dieser dünnen, pergamentartigen Membrane des Geistes im Denken kann jetzt für das menschliche Ich eine seelische Empfindung für den ehemals kosmischen Geist im Menschen entstehen: der *Geist* wird gleichsam so dünn und leer, dass er im menschlichen Ich wie durch *seelische* Luft bewegt werden kann – wenn sich der Mensch auf ihn bezieht.

In dieser michaelischen Endstufe seiner Entwicklung kann der Geist als Intellektualität sich nicht mehr selbst bewegen und auch nicht mehr spirituelle Einstrahlung aufnehmen; gerade dadurch wird er in seinem Tod empfänglich für Seelenregungen im Menschen. Da der Geist jetzt aber in seiner Schwäche auch seelisch bewegt werden kann, kann das Ich ihn auch individuell *empfinden* lernen. Von diesem Ort des seelischen Erlebens kann der Geist dann im menschlichen Empfinden beispielsweise die Natur erreichen, aber eben nur indem er jetzt von der rein menschlich-seelischen Erlebnisdimension ausgehen kann. In der Natur begegnet er dann sich selbst in seinen früher von ihm selbst gebildeten Formen;[40] diese stehen sich nun in der Empfindung des Ich selbst gegenüber. Der Geist, der in der menschlichen Seele angekommen ist, sich in ihr mit der Empfindung verbunden hat, kann nun von der menschlichen Seele her in seiner jetzt in der Empfindung individualisierten Ich-Form (die aber als solche durchaus geistig ist) den «alten» geistigen Formen und Spezies begegnen, die er in der Natur selbst hervorgebracht hat. So kommt der Geist in der Empfindung des Ich unter Ausbildung der Ich-Form durch den Menschen zu einer Selbstanschauung, zu einem Selbsterleben, zu einer Selbsterkenntnis – indem er sich in der Ich-Form mit der Empfindung gleichsam vermenschlichen konnte. In demselben Vorgang werden das Selbstgefühl des Ich und mit ihm menschlich-seelische und sensible Empfindungs- und Gefühlsformen einschließlich der Wahrnehmung in einem ersten Schritt geistfähig, «verobjektivierbar».

Voraussetzung für dieses Empfindungwerden des Geistes und für das Geistwerden der Empfindung ist, dass sich das Selbstgefühl des Ich einmal in der individuellen Biografie und in der kosmischen Entwicklung allein auf das abstrakte Denken und den damit gegebenen rein abstrakten Willen gründen musste. Das früher selbstverständliche seelische Selbstgefühl musste aus sich selbst heraus problematisch werden, um sich nun durchaus Münchhausen ähnlich am eigenen Schopf des Denkens wieder ins seelische Leben ziehen zu können. Dieser Schritt weist heute gerade auch in den neuen ätherischen und äthergeografischen Empfindungsmöglichkeiten in der Natur, aber auch in anderen geistigen wie seelischen Dimensionen über die Entwicklungsmöglichkeiten der Anthroposophie des 20. Jahrhundert hinaus. Die Anthroposophie Rudolf Steiners konnte diese Situation vorbereiten, indem sie einen geistigen Inhalt als Entwicklungsgrundlage für die neuen Erlebnismöglichkeiten zur Verfügung stellte.

Über die neue «objektive» Empfindungsfähigkeit greift das Ich nun in individueller Weise auch in die Formkräfte ein. Die frühere Formkraft der Begriffe, die nun durch das seelische Mitschwingen des Geistes in der Empfindung wirkt, kann in der Natur nicht nur gegebene Formen erleben, sondern sie auch im Sinne einer ökologischen Begleitung und Weiterentwicklung durch das menschliche Ich neu erfassen und ausrichten. Albertus Magnus hat im 13. Jahrhundert eine solche Situation grandios vorweggenommen; in einer Schrift über «Das Denken und das Denkbare» spricht Albertus von den «Formen, die immerwährend in die Materie fließen aus dem Licht der ersten Ursachen und Geistwesen». Etwas später fügt er hinzu, es sei notwendig, dass diese Formen in der Natur «durch einen von der Materie trennenden Geist zum göttlichen Sein zurückgeführt werden. Eine solche Rückführung aber geschieht nicht durch den Geist der Welt. Denn der Geist der Formen hält sie von der Materie getrennt in göttlichem Sein und Wirken. Also geschieht es notwendig durch den Geist des Menschen, der Kräfte und Organe besitzt, um aus der Materie die göttlichen Formen zu empfangen.»[41]

Albertus Magnus hat damit im 13. Jahrhundert vor dem Hintergrund der aristotelischen Kosmologie den Zielpunkt im Verhältnis von Mensch und Welt, Mensch und Natur eindrucksvoll formuliert. Albertus' Schüler Thomas von Aquin konnte den damit angedeuteten Weg in einem ersten entscheidenden Schritt vor dem Hintergrund der Psychologie des Aristoteles beschreiten: die Konstitution der Ich-Form aus dem Intellectus, dem unsterblichen Seelenteil. Jetzt konnte sich das Ich selbst die eigene Form schaffen und sich in dieser Form wiederfinden, indem es sich im Denken selbst erkannte.[42] Diese Emanzipation und Konstitution der Ich-Form im Intellectus-Denken vollzog sich im Kleid der philosophischen Theologie. Rudolf Steiner hat dann sechshundertfünfzig Jahre später in einem weiteren Schritt die Emanzipation der Ich-Form in der Karma-Erkenntnis vollzogen; das Erscheinungsbild war hier zunächst inhaltlich die Theosophie, dann die Anthroposophie als Geisteswissenschaft. Eine entscheidende Bedeutung der Karma-Anschauung im Werk Rudolf Steiners liegt im Zwischenmenschlichen: das Ich erwacht in der Begegnung mit dem anderen Menschen; darin liegt die eigentlich soziale Dimension der Anthroposophie. Für den Karma-Gedanken verstärkt sich das Selbsterwachen am anderen Menschen und ermöglicht damit auch die Selbstkonstitution der Ich-Form – auch weil die Erkenntnis von Reinkarnation des Ich bedeutet, dass dieses Ich sich selbst als der ganz Andere, als der Fremde begegnen können muss.

Für diese Wirklichkeitsschicht konnte im Mittelalter noch kein deutliches Bewusstsein entstehen. Das Ich befand sich im Denken noch zu sehr in der anfänglichen Eigenkonstitution, im Aufbau der Ich-Form und ihrem Bemerken in der Selbsterkenntnis. In der Anthroposophie Rudolf Steiners konnte dann das menschliche Gegenüber in die Ich-Form hineingenommen werden, und der Karma-Begriff wird nun stark von diesem Geschehen bestimmt: von der Begegnung mit dem anderen Ich und auch mit mir selbst als mir im Ich-Wesen (und auch in der letzten Inkarnation) Fremder. So wird die Ich-Form jetzt, noch immer ausgehend vom Denken, in einem neuen Selbstgefühl konstituiert, das sich dem Anderen öffnet.

Zu diesem Zweck weist die Geisteswissenschaft im Werk Rudolf Steiners das Ich auf eine karmische Verantwortung hin; hier liegt ein gewisser moralischer Impetus. Hinzu kommt die geisteswissenschaftlich-inhaltliche Beschreibung einer geistigen Welt und von Reinkarnationszusammenhängen, der Ich-Entwicklung jenseits der Schwelle. Moralische Verantwortung und geistiger Inhalt sollen ein neues Selbsterleben des Ich anregen, zielen aber noch nicht auf den unmittelbar gegebenen zentralen Gefühls-, Empfindungs- und Erlebnisbereich des Ich. Die Ich-Form entsteht also für die Anthroposophie des werdenden 20. Jahrhunderts letztlich noch außerhalb des unmittelbar hier und jetzt vorfindlichen seelischen Selbsterlebens des Ich. Indem sich das Ich in der karmisch-moralischen Anforderung und in dem geistigen Inhalt (ähnlich wie zwischenmenschlich) als ein Anderer gegenübersteht, ergibt sich eine gewisse Dualität: das unmittelbar seelisch empfundene Ich und das sich entwickelnde karmische Ich, der unmittelbar erlebte Weltinhalt und die geistige Wirklichkeit sind nicht identisch. Seele und Geist treten für diese Form des Ich und ihr Selbstbewusstwerden zunächst einmal notwendig auseinander.

Aber es wird damit in der Anthroposophie zu Beginn des 20. Jahrhunderts die zunächst notwendige Isolation der intellektuellen Ich-Form in einem ersten Schritt überwunden. Die Isolation des Ich gegenüber dem anderen Ich, gegenüber der Welt und auch gegenüber der geistigen Wirklichkeit war im Mittelalter notwendig, um geistige Individualität zu begründen. Die Anthroposophie Rudolf Steiners schafft nun die Möglichkeit, die Isolation des Ich aufzuheben, ohne die Individualität wieder zu gefährden. Es entstehen dadurch die Voraussetzungen für die neue Ich-Form des 21. Jahrhunderts, durch die das Ich sich im Selbstgefühl finden kann.

In vorangegangenen Abschnitten ist dieses nach und nach geistfähige Empfinden seiner Selbst auch in den Begriff gefasst worden «sich in seinem Erleben von jemand Anderem miterlebt zu erleben». In einer solchen Empfindung des Ich erreicht die Ich-Form den anderen Menschen und tendenziell auch die Welt. Indem ich beispielsweise in einer Naturempfindung begleitend das Erleben entwickeln kann, ich werde in meiner Empfindung von jemand Anderem potentiell miterlebt, schwindet die Isolation des individuellen Ich gegenüber dem anderen Ich und auch gegenüber der Natur. Andererseits ist der potentiell (nicht immer aktuell) gemeinsam erlebte Objektbezug Grundlage des zwischenmenschlichen Bezuges. Diese menschliche und zwischenmenschliche Einbindung des Objektes (etwa der Natur) ist auch für dieses selbst nicht folgenlos: das «subjektive» Erleben erhält so «objektive» Kraft – und die «objektive» Kraft ermöglicht eine Vertiefung und damit eine «Objektivierung» des «subjektiven» Erlebens. In diesem Geschehen kann beispielsweise die Natur für das Ich im 21. Jahrhundert ätherisch durchsichtig werden, und darin kann die Ich-Form die Natur erreichen. Grundlage dafür war, dass das Ich durch die Anthroposophie des beginnenden 20. Jahrhunderts zwischenmenschlich für das andere Ich aufgewacht ist und damit auch in die Möglichkeit eigenen Miterlebens mit der Empfindung eines Anderen eingetreten ist – als *geistige* Empfindungswirklichkeit des Ich (übrigens auch Verstorbenen gegenüber). Indem nun die Empfindung Ausdruck der Ich-Individualität und damit des geistigen Ich wird, erreicht die Ich-Form die Beziehung zum anderen Menschen und die Natur selbst.

In der Anthroposophie Rudolf Steiners konnte sich die intellektuelle mittelalterliche Ich-Form zu einem willensgetragenen Eigenbewusstsein entwickeln. Sie konnte sich so vom Beginn des 20. Jahrhunderts an durch die Anthroposophie von der theologisch-philosophischen Inhaltlichkeit befreien und das Ich selbst als eigentliches Objekt geistiger Erkenntnis und Entwicklung konstituieren; damit wird die Ich-Form in der Anthroposophie selbst konstitutiv. Die michaelische Wirksamkeit wird damit zu einem michaelischen *Eigen*bewusstsein des Ich. So wird der Blick frei für Ich-Entwicklung und für die im engeren Sinne seelisch-menschliche Sphäre der Ausbildung von Ich-Form. Andererseits wird in der Anthroposophie das seelisch-subjektiv-biografische Missverständnis der Psychologie des 20. Jahrhunderts vermieden: es kommt also zu einem ich-getragenen Seelenbegriff und zu einem seelengetragenen Ich-Begriff, der das Ich nicht nur geistig und die Seele nicht nur seelisch und leibbestimmt erscheinen lässt.

Wie wichtig die Begründung eines geistigen und zugleich seelischen Ich-Begriffs durch die Anthroposophie war, sollte sich dann verstärkt gegen Ende des 20. Jahrhunderts (und bis in die Gegenwart hinein) zeigen, denn eine entscheidende seelische und zwischenmenschliche Schwelle der Ich-Entwicklung stand noch bevor: das tiefkrisenhafte Erleben von Depression und Isolation gegenüber der Welt, gegenüber dem anderen Menschen und auch sich selbst gegenüber. Nur dieses vertiefte seelische Erleben von Depression und Isolation kann schließlich die Ich-Form auf sich selbst stellen, d.h. die Einspiegelung von Angenommenem, Überkommenem, Nichteigenem in das Selbstgefühl beenden. Das seelische Erleben der Isolierung und Depression, das tiefe Empfinden der Krise, das abstrakte Denken und der (zunächst notwendig ebenfalls abstrakte) Wille sind die ersten nichtübernommen, authentischen, nicht vergangenheitsgestützten Erlebnisformen des Ich.

Die Selbstkonstitution der Ich-Form hat also seelisch schwellenartige und menschlich ungeheuer harte Bedingungen. Aber erst in dieser seelischen Nadelöhr-Situation des Ich kommen das Seelisch-Menschlich-Irdische und das Geistige wirklich zusammen. Die gesamte geistige Überlieferung und Wirklichkeit ist in der Gegenwart michaelisch repräsentiert, d.h. der geistig-kosmische Zusammenhang und die gesamte geistige Vergangenheit sind im individuellen Denken des Ich angekommen.

Die Ich-Form wird nun gleichsam im Nichts selbsttragend, gerade indem sie ihre Gefährdung durch den möglichen Verlust geistiger Wirklichkeit erlebt. Erst in dieser Schwäche kann das Ich für die *Kraft* der eigenen geistigen *Begriffe* erwachen, und damit zur eigentlichen Formkraft des Ich vordringen.

Im Erleben des eigenen (zunächst notwendig noch abstrakten) Willens eröffnet sich der Blick des Ich für die Kraft der eigenen Begriffe in einem ersten Schritt. Das Ich beginnt auch zu verstehen, dass dieses Erwachen allein aus der Schwäche heraus möglich ist. Nur von einem solchen Nullpunkt aus kann das rein menschlich-seelisch Gefühlshafte, kann die Empfindung für das Ich tragfähig und für die Wirklichkeit aussagefähig werden; denn erst hier ist die Illusion überwunden. Erst mit diesem Schritt ist die Begriffskraft, ist der Geist wirklich individuell geworden. Damit knüpft das Ich nun irdisch bewusst, im Welterleben und im Selbstgefühl auch seelisch direkt, an die schaffende Ich-Formkraft seiner vorgeburtlichen Existenz an. Es vollzieht im seelischen Selbstbewusstsein den Zusammenhang mit denjenigen vorgeburtlichen Ich-Kräften, die konstitutiv den Zusammenhang des Leibes, der Biografie, der Schicksalsentwicklung bestimmt und ergriffen haben. Damit ist zum ersten Mal der Widerspruch von Bewusstsein und Leben, von Erkenntnis und Sein für das Ich überwunden. Karma ist unmittelbar im Gegenwartserleben des Ich angekommen, nicht nur aus einer (letztlich sich wieder gegenüberstellenden) Vergangenheit heraus erkennbar. Das Ich steht sich nicht mehr in einer «Reinkarnation» der Vergangenheit gegenüber, sondern diese karmische Vergangenheit kann im Selbstgefühl und Welterleben der Gegenwart empfunden werden: Karma ist hier und jetzt. Seelisches Erleben und Geist sind keine Widersprüche mehr.

Damit kann sich die Ich-Form im engeren Sinne zum ersten Mal autonom konstituieren. Diese Situation ist erst dann gegeben, wenn die Seele und damit die eigentlich irdische Erlebnisform des Ich an dem angedeuteten Krisen- oder Nullpunkt geistfähig und der Geist seelenfähig werden. Indem der Geist in der Abstraktion des individuellen Denkens aus früheren lebendigen (hierarchischen) Geistresonanzen herausgefallen ist, indem dadurch alles Geistige so membranartig dünn geworden ist, dass es zur Resonanz des seelischen Ich-Erlebens werden kann, wird die Seele im Ich zur Trägersubstanz des Geistes und der Geist wirklich empfundener Seelengehalt. In diesem Vorgang kann die Ich-Form zum ersten Mal und in einem ersten Schritt Extensität und Intensität verbinden. Intensität (seelisch erlebtes Inneres und Zeit) und Extensität (die ätherische Empfindung etwa der Natur, die als Erleben im Ich aus Wahrnehmung und Denken hervorgeht) können nun anfänglich in der Ich-Form zusammenkommen. Raum und Zeit verbinden sich im Selbstgefühl und Welterleben und werden dort von der Ich-Form erreicht. Diese strahlt nach innen (in die Seele) wie auch nach außen (etwa in die Natur) aus – eine neue seelische Empfindung von innerem (seelisch-geistigem) und «äußerem» Licht. Mit der Ich-Form hat der Geist ein selbstfühlendes Inneres und ein bewusst formbildendes Äußeres gewonnen.

In einer zutiefst christlichen Weise lebt nun im ganz Kleinen das ganz Große:[43] die kosmisch formbildende Kraft des Begriffs, des Wortes, das am Anfang ist (Prolog des Johannesevangeliums), lebt in dem risikoreichen Berührungspunkt von abstraktem michaelischen Denken und menschlich-seelischem Selbstgefühl im Ich. In der neuen Empfindung des Ich, die keinen Gegensatz mehr zur geistigen Formkraft des Ich bildet, erhält damit das Karma-Verständnis eine neue Füllung. Denn in dieser umfassenden Empfindung (im Jetzt, in der Gegenwart!) sind Reinkarnation und Karma nicht mehr Erkenntnisse, sondern Leben, das seelisch den anderen Menschen und ätherisch die Natur mitumfasst. Die Emanzipation des Selbstgefühls lässt Reinkarnation und Karma im Empfindungsaugenblick ankommen, befreit Karma-Erkenntnis aus der Vergangenheit. Vergangenheit waren Karma und Reinkarnation so lange, wie das Ich noch nicht vollständig im seelischen Selbstgefühl und im Lebensaugenblick angekommen war.

Der Blick auf Individualität und Schicksal entwickelt sich in der Menschheitsgeschichte. Ausklang in Zeugnissen

Im Folgenden werden ausgewählte Darstellungen wiedergegeben und erläutert; sie dokumentieren die Entwicklung der Begriffe und der Existenz von Reinkarnation, Schicksal und Individualität. Es werden dabei ausdrücklich auch Zeugnisse aufgenommen, die entscheidende Schritte im Verständnis und in der Wirklichkeit geistig-seelischer Individualität belegen, ohne dass sie Reinkarnation explizit berühren. Schicksal und Reinkarnation sind Elemente der Ich-Entwicklung – und die Ich-Entwicklung vollzieht sich in Biografie, Welt und Menschenbeziehung sowie karmisch-reinkarnativen Formen. Individualität und Karma sind also nicht zu trennen, und dennoch gibt es Phasen der Menschheitsentwicklung und der Geistesgeschichte, in denen beide Seiten einzeln betrachtet wurden.

Man kann daran verfolgen, dass beispielsweise die Betonung der Individualität zeitweise den Reinkarnationsgedanken in den Hintergrund treten ließ (und treten lassen musste): so war etwa der christliche Aristotelismus des Mittelalters so stark auf die Erforschung geistiger Individualität im Denken und der Unsterblichkeit des Intellectus konzentriert, dass Reinkarnation keinen Platz im geistigen Bewusstsein haben konnte. Denn der Reinkarnationsbegriff hätte die gerade mühsam gewonnene Anschauung von irdisch-geistiger Individualität für Erkenntnis und Leben wieder gefährdet. In dieser Hinsicht zeigt auch die zeitweise Trennung der Anschauung von Reinkarnation einerseits und Ich-Individualität andererseits, dass beide Elemente individuellen Schicksals menschenkundlich und geistesgeschichtlich zusammengehören.

Platon

Wiederverkörperung in Tieren als karmische Strafe

Wer aber die ihm zukommende Zeit wohl verlebte, der werde wieder nach dem Wohnsitze des ihm verwandten Sternes zurückwandern und ein glückliches, seinem früheren entsprechendes Leben führen, verfehle er das aber, dann werde er bei seiner zweiten Geburt in die Natur des Weibes übergehen. Lasse er jedoch auch dann von seiner Schlechtigkeit noch nicht ab, dann werde er, der Verschlechterung seiner Sinnesart gemäß und der in ihm erzeugten schlechten Gesinnung entsprechend, stets die ähnlich beschaffene tierische Natur annehmen. Nicht eher soll aber seine durch diese Verwandlung herbeigeführte Not enden, bis er, der in ihm selbst obwaltenden Richtung des Selben und Ähnlichen den mächtigen und erst später ihm aus Feuer, Wasser, Luft und Erde erwachsenen stürmischen und vernunftwidrigen Andrang nachziehend, ihn durch die Vernunft besiegte und wieder zu jener ersten und besten Gemütsbeschaffenheit gelangte.[44]

An dieser Stelle seines Dialogs *Timaios* lässt Platon den Sprecher zum Ausdruck bringen, dass eine erneute Verkörperung auf der Erde als Strafe betrachtet werden kann: anstelle einer glückseligen Existenz in der geistigen Welt wird die Seele, die sich für gewisse Verfehlungen zu verantworten hat, in einer

Verkörperung als Frau wieder auf die Erde gesandt; Ziel ist eine allmähliche Läuterung. Die Bewertung der Frauenexistenz im klassischen Griechenland ist hier nicht zu diskutieren – auf jeden Fall wird sichtbar, dass Platon auf einen *irdischen Entwicklungsverlauf* der Seele blickt, und dass dieser Zusammenhang sich, je nach Art der individuellen Entwicklung, auch über mehrere Inkarnationen erstrecken kann. Die Degradierung von der Männer- zur Frauen- und zur Tierseele wird als zunehmende «Not» gesehen, aus der heraus ein Sinneswandel möglich werden soll. Dieser wird hier interessanterweise darin gesehen, dass die Seele sich mit Hilfe der Vernunft aus den Elementarkräften des Feuers, der Luft, des Wassers und der Erde herausarbeitet, beispielsweise die Wirkungen der Feuerkraft in der Wut und im Jähzorn überwindet.

Aristoteles

Das Bleibende und die Entwicklung

Wenn nichts neben den Einzeldingen existiert, so wäre nichts intelligibel, sondern alles sinnlich, und es gäbe von nichts eine Wissenschaft, man müsste denn die Wahrnehmung gleich Wissenschaft setzen. Ferner aber wäre auch nichts ewig und unbewegt. Denn alles Sinnliche vergeht und ist in Bewegung. Besteht aber nichts Ewiges, so kann auch kein Werden sein. Denn etwas muss das Werdende sein und etwas das, woraus es wird, und von diesem muss das Letzte ungeworden sein … [45]

Man spricht nämlich von dem Seienden in zweifachem Sinne, so dass in einer Weise etwas aus Nichtseiendem werden kann, in anderer nicht, und auch dasselbe zugleich Seiendes und Nichtseiendes sein kann, nur nicht so, dass es das in derselben Hinsicht ist. Potentiell nämlich kann dasselbe zugleich Konträres sein, aber nicht aktuell. Ferner aber werden wir ... die Anerkennung fordern, dass es unter dem Seienden noch eine andere Substanz gibt, der gar keine Bewegung noch Vergehen und Entstehen zukommt.[46]

Denn das Abnehmende hat noch etwas von dem, worin es abnimmt, und von dem Werdenden muss schon etwas da sein. Und soll überhaupt etwas vergehen, so muss es als ein Etwas da sein, und soll etwas werden, so muss etwas sein, woraus es wird und von dem es erzeugt wird. ... Aber lassen wir das und betonen wir nur das Eine, dass quantitative Veränderung nicht gleich qualitative ist. Mag also immerhin nichts sein, was der Quantität nach bleibt, so erkennen wir doch alles aufgrund seiner Form.[47]

Und überhaupt würde, wenn nur das sinnlich Wahrnehmbare existiert, nichts existieren, wenn keine beseelten Wesen da wären; denn es fehlte die Wahrnehmung.[48]

Aristoteles (384 – 322 v. Chr.) war Schüler des Platon (427 – 347 v. Chr.), grenzte sich dann aber von Platon ab, indem er u.a. das Verhältnis von geistiger und irdischer Wirklichkeit, von Wesen und Erscheinung, von Substanz und Entwicklung genauer bestimmen wollte. So wird an den oben wiedergegebenen Stellen deutlich, dass Entwicklung etwas Ewiges voraussetzt, denn es kann sich nur *etwas* zu etwas Anderem entwickeln. Das Woher und Wohin der Entwicklung kann nur erfasst werden, wenn etwas bleibt – das Wesen oder die Substanz. Diese Klärung ist auch für ein Verständnis von Ich-Entwicklung in Reinkarnation und Karma wichtig, denn hier hat man es mit der Entwicklung der Individualität zu tun, die sich in den einzelnen Inkarnationen vollständig als fremde gegenübersteht. Aber auch innerhalb einer Biografie sind Identität und Individualität nur wirklich zu erleben und zu erfassen, wenn Entwicklung durch Gegensätzliches begriffen und auch gelebt werden kann.

Entscheidend ist dabei der oben wiedergegebene Satz, potenziell könne «dasselbe zugleich Konträres sein, aber nicht aktuell». In dieser Hinsicht kann auch Seiendes aus Nichtseiendem entstehen: dieses Nichtseiende, ist es nicht potenziell, sondern aktuell – d.h. potenziell kann die Individualität etwas sein, das sie aktuell nicht ist, und sie kann aktuell etwas sein, in Zukunft aber etwas völlig anderes (und letzteres ist sie eben momentan potenziell, nicht aber aktuell). Nicht aber ist möglich, dass die Individualität etwas wird, was sie potenziell nicht ist; in diesem Sinne kann Seiendes nicht aus Nichtseiendem entstehen.

In ähnlicher Weise bildet auch die Unterscheidung von qualitativer und quantitativer Veränderung eine Grundlage für ein späteres Verständnis von Reinkarnation und Karma. Die Aussage, dass die Form bleibt, auch wenn quantitativ nichts weiter besteht, weist auf die Form des Ich. Die Form des Ich kann einerseits die Entwicklung der Individualität durch unterschiedliche Inkarnationen verständlich machen, andererseits auf den Begriff der Ich-Form im Leib führen, also zu verstehen helfen, wie sich das Ich in der Leibbildung für eine Inkarnation die Entwicklungsgrundlage schafft. Diesen Zusammenhang wird Rudolf Steiner 1924, also über zweitausend Jahre später, im *Heilpädagogischen Kurs* und in den sogenannten Karma-Vorträgen menschenkundlich darlegen.

Wenn Aristoteles schließlich das Verhältnis von Wahrgenommenem und Wahrnehmendem anspricht, schafft er eine Grundlage für ein zureichendes Verständnis der Beziehung von Subjekt und Objekt. Selbstverständlich wird nicht alles Wahrnehmbare immer aktuell wahrgenommen, aber es kann die Wahrnehmungswelt nicht ohne den wahrnehmenden Menschen gedacht werden. Bewusstsein und Sein, Erkenntnis und Leben, Objekt und Subjekt gehören zusammen: ohne einen solchen Begriff von Wirklichkeit könnte beispielsweise individuelle Selbsterkenntnis gar nicht gefasst werden. Denn für Biografie und Schicksalsentwicklung durch Inkarnationen gilt, dass das Ich in Wahrheit nur insofern sein und werden kann, als es sich erkennt, während es gleichzeitig sich nur insofern erkennen kann, als es ist. Aristoteles selbst spricht allerdings im Unterschied zu Platon nicht von Reinkarnationen;[49] hier zeigt sich, ähnlich wie später im christlichen Aristotelismus des Mittelalters, die interessante entwicklungsgeschichtliche Notwendigkeit, die Anschauung von Reinkarnation zurückzustellen, um den Begriff der Individualität gewinnen zu können.

Origenes

Gott urteilt nach einem vorangegangenen Erdenleben

Was Esau und Jakob betrifft, so findet man bei genauerem Studium der Schrift, dass keine Ungerechtigkeit ist bei Gott, so dass ehe sie geboren waren und etwas getan hatten – nämlich in diesem Leben – gesagt ward, der Ältere solle dem Jüngeren dienstbar sein; und man findet, dass es auch keine Ungerechtigkeit war, dass Jakob im Mutterleibe seinen Bruder zu Fall brachte. Wir müssen nur annehmen, dass er auf Grund von Verdiensten eines früheren Lebens von Gott mit Recht geliebt wurde, so dass er auch nach Verdienst dem Bruder vorgezogen wurde. Dasselbe finden wir nun auch bei den himmlischen Geschöpfen; hier müssen wir beachten, dass diese Mannigfaltigkeit nicht der Urzustand der Schöpfung ist, sondern dass infolge vorangehender Ursachen jedem Wesen nach dem Wert seiner Verdienste vom Schöpfer ein Dienst zugewiesen wird, d.h. infolge der Tatsache, dass ein jeder sofern er als Intelligenz oder als vernünftiger Geist von Gott geschaffen ist, entsprechend seinen geistigen Bewegungen und dem Denken seines Herzens sich selbst mehr oder weniger Verdienste erwirbt und für Gott liebenswert oder hassenswert wird. Dabei wird allerding auch einigen, die höhere Verdienste haben, zur besseren Einrichtung des Weltgebäudes aufgetragen, mit den anderen mitzuleiden (vgl. 1 Kor. 12,26) und den Niederen einen Dienst zu leisten, damit so auch diese teilhaftig werden der Langmut des Schöpfers, ... denn die Gerechtigkeit des Schöpfers muss, wie wir vorhin sagten, in allem sichtbar werden. Sie erscheint, meine ich, erst genügend deutlich, wenn man von jedem himmlischen, irdischen oder unterirdischen Wesen sagt, es habe in sich selbst Ursachen für die Verschiedenheit, welche der körperlichen Geburt vorausgehen.[50]

Origenes nimmt hier im dritten nachchristlichen Jahrhundert Bezug auf eine Stelle des Apostels Paulus im Römerbrief; diese bezieht sich wiederum auf die alttestamentliche Erzählung von Esau und Jakob. Die unterschiedliche Stellung Gottes zu den beiden Brüdern wird von Origenes mit dem Verhalten in einem vorangegangenen Erdenleben begründet. Es wird sogleich deutlich, dass Origenes nicht auf die irdische Ich-Individualität des Menschen speziell blickt, sondern auf die Differenzierung und Individualisierung bei Geistwesen, «Intelligenzen» allgemein. Jedes Geistwesen, also auch der Engel oder ein höherer hierarchischer Geist, kann durch geistige oder Gemütsbewegungen sich selbst gegenüber Gott qualifizieren oder dequalifizieren. Interessant ist, dass Origenes ein Mitleiden höherer Wesen mit niederen betont – aber eine wirkliche Sondersituation des freien geistigen Ich, wie es der Mensch auf der Erde entwickeln kann, lässt sich nicht erkennen. Auch an anderen Stellen dieses Hauptwerks des Origenes wird deutlich, dass höhere Geistwesen Verbindungen mit einem Leib eingehen können, zum Beispiel im Fall der Himmelskörper. Das menschliche Ich erscheint hier im Grunde noch als ein niederes Geistwesen, das im Leib eine seelische Existenz erhält.

Johannes Scotus Eriugena

Verwandlung und Höherentwicklung

Die erste Stufe wird sein die Umwandlung des Körpers in Lebensbewegung, die zweite Stufe die Umwandlung der Lebensbewegung in Sinn, die dritte Stufe die des Sinnes in Verstand, darauf die Umwandlung des Verstandes in Geist, in welchem das Ziel aller verständigen Creatur besteht. Nach dieser fünffachen Vereinigung unserer Natur, nämlich des Körpers, der Lebensbewegung, des Sinnes, des Verstandes und der Vernunft, werden andere drei Stufen des Aufsteigens folgen. Die erste ist der Übergang des Geistes zum Wissen von Allem, was nach Gott ist, die zweite der Übergang der Wissenschaft in die Weisheit, d.h. in die innigste Anschauung der Wahrheit, soweit es der Creatur verstattet ist, die dritte und höchste Stufe ist der übernatürliche Untergang der gereinigten Seelen in Gott selbst und gleichsam die Finsternis des unbegreiflichen und unzugänglichen Lichtes, worin die Ursachen aller Dinge verborgen sind. Und dann wird die Nacht wie der Tag erleuchtet werden, d.h. die verborgensten Geheimnisse werden den seligen und erleuchteten Geistern auf eine unaussprechliche Weise eröffnet werden.[51]

Johannes Scotus Eriugena spricht hier am Ende seines Hauptwerks (im 9. Jahrhundert) von der «Rückkehr der menschlichen Natur» zu Gott. Ohne auf die kosmologisch-endzeitliche Dimension seiner Darstellung im Einzelnen einzugehen, kann man doch eine Entwicklungsfolge erkennen. Sie umfasst die Ätherisation der körperlichen Gegenstandswelt («Lebensbewegung»); diese elementar-ätherische Schicht des Lebendigen geht über in «Sinn» (sensus), das Leben wird also empfindend; diese Empfindung wird «Verstand», also vollständig bewusstseinsfähig; das Bewusstsein wird geistfähig; der Geist wird zur Erkenntnis, zum Wissen von allem, was von Gott geschaffen ist; diese Wissenschaft wird zur Weisheit, also zur Verbindung mit der Wahrheit; schließlich folgt die Vereinigung mit Gott und der Übergang in das Licht aller Ursachen. Die Blickrichtung Eriugenas erscheint heute *menschenkundlich* relevant: Sein und Bewusstsein, Leben und Empfindung, Körper und Geist widersprechen sich nicht mehr, werden zu einer menschlichen Einheit für denjenigen, der sich «reinigt», also eine geistige Entwicklung realisiert.

Zu fragen wäre, ob aus heutiger Perspektive eine Parallelentwicklung von derjenigen Haltung und Tätigkeit auszugehen hat, die Eriugena als «Geist» bezeichnet. Die spirituelle Bemühung des Menschen würde dann eine Verwandlung des Verstandes, des «Sinnes» (also des Gefühls, der Empfindung und der Wahrnehmung) und schließlich auch des gesamten

Lebensprozesses bewirken. – Eriugena bringt klar zum Ausdruck, dass eine geistige Entwicklung die gesamte seelische, lebendige und körperliche Wirklichkeit beeinflusst und letztlich zu erlösen hat. Damit wird deutlich, dass nichts zurückbleibt, wenn der Mensch durch seine geistige Bemühung alles in allem wird. An anderer Stelle bezeichnet Eriugena den Menschen als «alles», als eine Werkstatt der gesamten Kreatur, in der die körperliche und die nichtkörperliche Wirklichkeit verbunden werden.[52] Naheliegend ist, dass die gesamte Verwandlung beim Menschen selbst beginnt: der geistige Entwicklungsvorgang erfasst die Vernunft, die Empfindung und auch den organischen Lebensprozess im Sinne einer Individualisierung und Gesundung durch leiblich-geistige Integration.

Alanus ab Insulis

Der Mensch entwickelt sich geistig in die Hierarchien hinein

Arbeite also, o Mensch, damit du durch die Glut der Liebe der Ordnung der Seraphim zugerechnet wirst oder durch die Fülle der Erkenntnis zu den Cherubim gezählt wirst, oder durch das vernünftige Urteil dich würdig machst, zur Ordnung der Throne zu gehören; oder als einer, der den gebotenen Gehorsam zeigt, dich mit den Herrschaften verbinden wirst; oder, indem du Untergebene gut regierst, mit den Fürstentümern herrschen wirst; oder als einer, der dem Dämon widersteht, in der Ordnung der Gewalten erstrahlst; oder im Vollbringen von Wundern durch die Züchtigung des Fleisches in der Ordnung der Kräfte dich ansiedelst; oder zu den Erzengeln gezählt werden wirst, indem du andere über Höheres belehrst; oder, indem du Kleineres verkündest, bei den Engeln einen Platz findest.[53]

Alanus ab Insulis entwirft an der Schwelle zum 13. Jahrhundert eine Zukunftsperspektive: die menschliche Entwicklung führt in den Bereich der Hierarchien hinein. Interessanterweise nennt Alanus in diesem Text nicht nur das Geistselbst-Wesen des Engels, der dem Mensch am nächsten ist, sondern es werden alle hierarchischen Grade genannt. Zudem wird nicht nur ein Erkenntnisprinzip angesprochen, sondern ein Seinsprinzip – geistige Entwicklung und Existenz gehören im Geistigen zusammen, sind nicht trennbar. Damit steht der Mensch in seiner Entwicklung der geistigen Wirklichkeit nicht nur gegenüber, sondern er wird zu ihrem Element, vergeistigt seine eigene Existenz. Nicht zufällig ist, dass diese Grundaussage in einer *Michael-Predigt* des Alanus erscheint, denn Michael steht als geistiges Wesen für die Verbindung des menschlichen Ich mit dem Kosmos. Dass in dieser Verbindung das Erden-Ich gemeint ist, wird in den Aussagen des Alanus indirekt deutlich: er beschreibt *irdische* Tätigkeiten und Verhaltensweisen des Menschen, die ihm die entsprechenden geistigen Regionen erschließen. Dass das auf der Erde inkarnierte Ich geistfähig wird, bildet als Erkenntnisprinzip und Lebensform eine wichtige Voraussetzung für den modernen Schicksal- und Reinkarnationsbegriff.

Thomas von Aquin

Der Begriff geistiger Individualität

Nimmt man nämlich den Menschen die Verschiedenheit des Geistes (Intellectus), der offenbar als Einziger unter allen Teilen der Seele unvergänglich und unsterblich ist, so folgt daraus, dass nach dem Tod von den Seelen der Menschen nichts anderes fortdauert, als die einzige Wesenheit des Geistes. Auf diese Weise wird ferner die Vergeltung durch Lohn und Strafen sowie deren Verschiedenheit aufgehoben.[54]

Wie also die Wand nicht sieht, sondern ihre Farbe gesehen wird, so würde folglich der Mensch nicht denken, sondern seine Vorstellungen würden von dem möglichen Geist gedacht werden. Man kann demnach der Ansicht des Averroes zufolge unmöglich aufrecht erhalten, dass dieser einzelne Mensch denkt.[55]

Wenig später zieht Themistios den Schluss: ‹... Das ich ist aus Möglichkeit und Wirklichkeit zusammengesetzter Geist ...› Wenig später fügt Themistios hinzu: ‹Und die bis zu diesem Punkt entwickelte Natur hielt nun inne, als hätte sie nichts anderes und Ehrenvolleres, für das sie sich zur Grundlage machen könnte. Wir sind deshalb tätiger Geist.› ... Es wird demnach an den vorangegangenen Ausführungen des Themistios deutlich, dass er nicht allein den möglichen Geist (Intellectus possibilis), sondern auch den tätigen (Intellectus agens) für einen Teil der menschlichen Seele hält, und dass er der Ansicht ist, Aristoteles habe ebenso gedacht.[56]

Thomas von Aquin setzt in der zweiten Hälfte des 13. Jahrhunderts an der Psychologie des Aristoteles an und will zeigen, dass Aristoteles insbesondere in seinen Büchern *Über die*

Seele die Individualität des menschlichen Geistes gelehrt hat. Die erste der oben wiedergegebenen Stellen macht deutlich, dass Thomas diese geistige Individualität des Menschen auch in der christlichen Überlieferung vorausgesetzt sieht: denn die nachtodliche Wirkung des vorangegangenen Erdenlebens ist nur möglich, wenn der verstorbene Mensch individuell ist und individuell bleibt, d.h. wenn die geistige Individualität des irdischen Menschen nach dem Tod fortdauert. Andernfalls könnten dem menschlichen Ich im Sinne des christlichen Glaubens in einer geistigen Existenz nach der irdischen nicht «Lohn» und «Strafe» zugerechnet werden.

Der arabische Denker Averroes (1126–1198) hatte demgegenüber den Geistbegriff des Aristoteles nicht individuell gedeutet. Er bemühte sich nachzuweisen, dass sich während des Erdenlebens nur der «mögliche» Geist (Intellectus possibilis) mit dem Menschen verbinde, nicht aber der «tätige» oder «wirkliche» Geist (Intellectus agens). Letzteren sah Averroes als göttlich an, so dass er die Erdenexistenz des Menschen als eine vorübergehende Verbindung mit diesem Geist betrachtete. Das würde aber bedeuten, dass nach dem Tod eine geistige Alleinheit wieder hergestellt wird, die menschliche Individualität also nur durch die Individualität des Leibes bestand und nachtodlich nicht weiter existieren würde. Dagegen wendete sich Thomas vehement; die oben wiedergegebenen Stellen legen davon kurz Zeugnis ab. Hintergrund der Argumentation des Thomas ist dabei die aristotelische Überzeugung, dass allein die anima intellectiva, der geistige Seelenteil des Menschen, unsterblich sei. Alle anderen Seelenelemente, die anima sensitiva (Sinnen- und Gefühlsseele) und die anima vegetativa (Lebensseele) vergehen. Folglich war die Individualität an dem Intellectus bzw. der anima intellectiva festzumachen – und die entscheidende Tätigkeit bzw. Ausdrucksform der menschlichen Intellectus-Seele ist das Denken. Individualität und Denken, Denken und Unsterblichkeit rücken in dieser Perspektive also dicht zusammen.

Auch Thomas spricht nicht von Reinkarnation; aber er entwickelt auf Grundlage der aristotelischen Psychologie einen Individualitätsbegriff, von dem aus die Individualität eines sich reinkarnierenden Ich in der Neuzeit überhaupt erst anschaubar wurde. Und Thomas weist im Zuge seiner Argumentation sogar auf den ersten expliziten Ich-Begriff der Geistesgeschichte und der Psychologie hin, nämlich im Werk des Themistios, eines neuplatonischen Philosophen des vierten nachchristlichen Jahrhunderts, der in seiner Auslegung der Psychologie des Aristoteles den oben von Thomas angesprochenen Ich-Begriff bildet.

Siger von Brabant

Geistige Individualität und Leib

Soll die Seele nach unserem Dafürhalten eine losgelöste Daseinsform haben, so ergibt sich uns dies entweder aufgrund ihrer Wirkungen, solange sie im Körper, oder aufgrund ihrer Wirkungen, solange sie vom Körper getrennt ist.

Nun ist es also, wie gesagt, angesichts ihrer Wirkungen im Körper nicht so, als wäre sie gänzlich von ihm trennbar, da sie aufgrund ihrer Eigenart ohne Leib und ohne (leibbedingte) Vorstellungen nichts vollbringen kann. Aus den während ihres Ge-

trenntseins vom Leib auftretenden Wirkungen kann man auch nicht den Eindruck gewinnen, als sei sie vollständig getrennt …

… so ist … zu sagen, dass die Seele sich zwar von diesem Leib trennt, jedoch so, dass sie fortbesteht. Obgleich nicht (mehr) seine Wirklichkeit, trennt sie sich doch nicht gänzlich von ihm, so dass sie, wenngleich sie nicht Wirklichkeit dieses vergangenen, so doch Wirklichkeit eines anderen Leibes ist …[57]

Siger von Brabant, etwa eine Generation jünger als Thomas von Aquin, befand sich um 1270 an der Universität von Paris in einer Auseinandersetzung mit Thomas. Thomas' oben zitierte Schrift *Über die Einheit des Geistes* richtete sich vermutlich gegen Siger; der Dissens betraf die richtige Auslegung der Psychologie des Aristoteles. Siger tendierte eher zu den Positionen des Averroes, die Thomas scharf ablehnte.

In der zitierten Stelle vertritt Siger nicht den Reinkarnationsgedanken, aber er kommt doch interessanterweise in dessen Nähe, indem er die Leibbeziehung der menschlichen Geistseele (anima intellectiva) betrachtet. Er spricht zunächst die Trennung der Intellectus-Seele von den «anderen Seelenkräften» an, also die bereits erwähnte Ablösung des Intellectus von den übrigen Seelenteilen beim Tod des Menschen. Siger formuliert, dass der Intellectus unvergänglich, die anderen Seelenteile vergänglich seien, wie der Körper vergänglich ist, von dem sich der Intellectus mit dem Tod trennt. Die folgenden Sätze bringen dann mit Bezugnahme auf Grundgedanken der Psychologie des Aristoteles (die hier nicht näher erörtert werden können) zum Ausdruck, dass aber nicht eine dauernde Trennung der Intellectus-Seele, also der menschlichen Individualität vom Leib, möglich sei. Denn der Intellectus bleibt als potentielle Wirklichkeit eines Leibes auf eine eigene Leiblichkeit bezogen, bliebe ohne Leib auf Dauer «untätig», wie es an anderer Stelle heißt. Und so kommt Siger hier zu der grundsätzlichen Überlegung, ob nicht die geistige Individualität des Menschen auch die «Wirklichkeit» eines weiteren Leibes werden könnte.

Diese Wendung macht deutlich, dass der Reinkarnationsgedanke als in der aristotelischen Tradition veranlagt gelten kann, obgleich diese Überlieferung ihn selbst nicht hervorbringt. Darüber hinaus wird in der Darstellung Sigers anschaulich deutlich, wie sehr die Frage nach Unsterblichkeit geistiger Individualität die irdische und die nachtodliche Existenz mit der Frage der Leiblichkeit verbindet. Schließlich ist die Position Sigers auch deswegen von Interesse, weil die Auseinandersetzung des Thomas von Aquin mit der arabisch beeinflussten Tradition in der Deutung aristotelischer Psychologie in den Karma-Vorträgen Rudolf Steiners eine entscheidende Rolle spielt.

Gotthold Ephraim Lessing

Historische Entwicklung durch Reinkarnation

§ 92

Du hast auf deinem ewigen Wege so viel mitzunehmen! so viel Seitenschritte zu tun! – Und wie? wenn es nun gar so gut als ausgemacht wäre, dass das große langsame Rad, welches das Geschlecht seiner Vollkommenheit näher bringt, nur durch kleinere schnellere Räder in Bewegung gesetzt würde, deren jedes sein einzelnes ebendahin liefert?

§ 93

Nicht anders! Eben die Bahn, auf welcher das Geschlecht zu seiner Vollkommenheit gelangt, muss jeder einzelne Mensch (der früher, der später) erst durchlaufen haben. – «In einem und eben demselben Leben durchlaufen haben? Kann er in eben demselben Leben ein sinnlicher Jude und ein geistiger Christ gewesen sein? Kann er in eben demselben Leben beide überholet haben?»

§ 94

Das wohl nun nicht! – Aber warum könnte jeder einzelne Mensch auch nicht mehr als einmal auf dieser Welt vorhanden gewesen sein?

§ 95

Ist diese Hypothese darum so lächerlich, weil sie die älteste ist? Weil der menschliche Verstand, ehe ihn die Sophisterei der Schule zerstreut und geschwächt hatte, sogleich darauf verfiel?

§ 96

Warum könnte auch ich nicht hier bereits einmal alle die Schritte zu meiner Vervollkommnung getan haben, welche bloß zeitliche Strafen und Belohnungen den Menschen bringen können?

§ 97

Und warum nicht ein andermal alle die, welche zu tun, uns die Aussichten in ewige Belohnungen so mächtig helfen?

§ 98

Warum sollte ich nicht so oft wiederkommen, als ich neue Kenntnisse, neue Fertigkeiten zu erlangen geschickt bin? Bringe ich auf einmal so viel weg, dass es der Mühe wiederzukommen etwa nicht lohnet?

§ 99

Darum nicht? – Oder, weil ich es vergesse, dass ich schon dagewesen? Wohl mir, dass ich das vergesse. Die Erinnerung meiner vorigen Zustände würde mir nur einen schlechten Gebrauch des gegenwärtigen zu machen erlauben. Und was ich auf itzt vergessen muss, habe ich denn das auf ewig vergessen?

§ 100

Oder, weil so zuviel Zeit für mich verloren gehen würde? – Verloren? – Und was habe ich denn zu versäumen? Ist nicht die ganze Ewigkeit mein?[58]

Lessing beschließt seine Schrift *Die Erziehung des Menschengeschlechts* mit diesen Paragrafen, die direkt auf Reinkarnation weisen. Wichtig ist, dass Lessing weitgehend in Frageform formuliert. Das «große langsame Rad» der gesamten Menschheitsgeschichte wird von «kleineren schnelleren Rädern» bewegt. Menschheitliche Entwicklung ist menschliche Individualentwicklung; den Weg der Menschheit hat jeder Einzelne zu durchlaufen. Lessing verweist auch auf das Alter der Lehre von wiederholten Erdenleben und bringt zum Ausdruck, dass hier vernünftelnd nicht weit zu kommen ist. In den Paragrafen 96 und 97 klingt auch eine Differenzierung eines eher irdischen und eines eher spirituellen Lebens an, so dass in den unterschiedlichen Inkarnationen jede Art der «Vervollkommnung» individuell erreicht werden kann. Paragraf 99 berührt dann die Tatsache, dass keine Erinnerung an eine vorangegangene Inkarnation möglich ist. Auch die Begründung verrät die weite Perspektive Lessings: das Bewusstsein gegenwärtiger Einmaligkeit ist notwendig, um das Hier und Jetzt wirklich ernst zu nehmen. Zugleich wird aber zum Ausdruck gebracht, dass die Vergessenheit früherer Inkarnationen überwunden werden kann.

Georg Wilhelm Friedrich Hegel

Reinkarnation kann nicht Zufälligkeit der eigenen Existenz bedeuten

Aristoteles macht die Vorstellung von der Seelenwanderung auf kurze Weise, nach seiner Manier, zunichte. Er sagt: ‹Nach den pythagoreischen Mythen nehme die zufällige Seele den zufälligen Körper an›, so dass also die Organisation des Körpers für die Seele etwas Zufälliges sei. ... Die Weise des Leibes ist nicht zufällig zu der Weise der Seele, und ebenso nicht umgekehrt. Diese Zufälligkeit liegt in der Seelenwanderung: die menschliche Seele ist auch tierische Seele. Aristoteles' Widerlegung ist genügend.[59]

Hegel bezieht sich hier auf Aristoteles' erstes Buch *Über die Seele*; die entsprechende Stelle lautet: «Folgendes ist jedoch ein Fehler, der bei dieser und bei den meisten Theorien über die Seele unterläuft. Sie verknüpfen nämlich und legen die Seele in den Leib, ohne weiter zu bestimmen, aus welcher Ursache dies geschieht und bei welcher Beschaffenheit des Leibes ... Jene aber versuchen nur zu sagen, wie die Seele beschaffen sei; jedoch über den Körper, der sie aufnehmen soll, geben sie keine weiteren Bestimmungen, als ob es möglich wäre, dass (wie die Pythagoreer erzählen) jede beliebige Seele in jeden beliebigen Leib eintreten könnte. Vielmehr hat doch jeder Körper seine eigene Form und Gestalt. Jene reden aber so, wie wenn man behaupten wollte, die Baukunst bediene sich der Flöten. In Wirklichkeit muss die Kunst die Werkzeuge und die Seele den Leib haben, den sie braucht.»[60]

Hegel stimmt der Argumentation des Aristoteles zu: zwischen Seele und Leib besteht kein zufälliges Verhältnis. Seelenwanderung (nicht Reinkarnation) wird abgelehnt, weil der Leib nicht der menschlichen Seele entsprechen kann, wenn die menschliche Seele in einen Tierleib eingeht. Darüber hinaus scheint auch gemeint zu sein, dass die Zugehörigkeit unterschiedlicher menschlicher Körper zu ein und derselben Seele kein spezifisches Seele-Leib-Verhältnis hervorbringen könne – man merkt an Hegels Bezugnahme auf Aristoteles und auch bei letzterem selbst, dass der eigentliche Zielpunkt die Individualität des menschlichen Ich und die entsprechende Individualität des Leibes sein soll.

Damit ist (und das wird von Hegel indirekt betont) der Anschauung von Reinkarnation und Karma seit Aristoteles die Aufgabe gestellt, geistige Ich-Individualität so zu begreifen, dass die Leibverbindung in aufeinanderfolgenden Erdenleben jeweils als individuelle und der Leib so als der menschlichen Individualität entsprechenden Entwicklungsgrundlage betrachtet werden kann. Zur Seele wird dasjenige Geistwesen, das einen Leib beseelt; diese Seelenexistenz der geistigen Ich-Individualität im Leib erfordert keinen gattungshaften, sondern einen individuellen Begriff des menschlichen Organismus. Das hat weitreichende menschenkundliche und therapeutische Folgen, die sich aus einem wirklich individuellen Geistbegriff der Anschauung von Reinkarnation ergeben.

Rudolf Steiner

Die Ich-Form des Geistes und des Leibes: Reinkarnation als Ich-Entwicklung

Die Grundlagen für einen entwicklungsgerechten Umgang mit Reinkarnation und Karma im 20. und 21. Jahrhundert sind von Rudolf Steiner im ersten Viertel des 20. Jahrhunderts erarbeitet worden. Hier werden die Entwicklungsbedingungen der Individualität im menschlichen Ich nicht nur berücksichtigt, sondern einem neuen Schicksalsverständnis geradezu zugrunde gelegt. Die geisteswissenschaftlichen Begriffe, die von Rudolf Steiner für eine neue Wirklichkeit von Reinkarnation und Karma gebildet werden, dienen zur Orientierung an der geistig-existenziellen Schwelle. Die Füllung dieser Begriffe mit Wirklichkeit hängt aber davon ab, ob derjenige, der sich mit ihnen beschäftigt, selbst diese Schwelle erreicht, und wie er sich in der Nähe der Schwelle verhält. So zeigt sich die karmische

Schicht nicht unmittelbar im Leben, sondern in seiner geistigen Vertiefung.

Zugleich gilt, dass nur eine *Vertiefung des Begriffs* in die lebensreale karmische Schicht führt. Der Begriffszusammenhang, der zunächst nur zu denken ist, wird zur Idee. Das Bewusstsein «muss sich in seinem Ideenvermögen auf einem gewissen Gebiete stark genug gemacht haben, um die Anschauung, um die es sich handelt, in das Begriffsvermögen hereinzunehmen».[61] Eindrücke, Einsichten und Schauungen, die nicht ihren Weg durch Begriffszusammenhang und Idee genommen und sich damit zur Erkenntnis entwickelt haben, neigen zu Sentimentalität und Täuschung. Selbst wenn in ihnen punktuell «Richtiges» anklingen sollte, entspricht die Einsicht nicht der gegenwärtigen Entwicklungssituation des freien individuellen Ich. Damit hat Rudolf Steiner gerade am Ende seines Lebens, in den Jahren 1924 und 1925, das Schicksalsverständnis umfassend in den Strom michaelischer Geistesentwicklung gestellt. Es handelt sich dabei nicht um eine mentale Verkürzung oder gar Intellektualisierung von Reinkarnation und Karma; vielmehr wird im Sinne der aristotelischen Überlieferung die Bedeutung der Entwicklung des Denkens für die Ausbildung von Ich-Individualität eingelöst.[62]

In der Beziehung von Denkentwicklung und Individualitätsentwicklung liegt auch die Ursache, warum (insbesondere in den späteren) Ausführungen Rudolf Steiners zu Reinkarnation und Karma die geistesgeschichtliche Entwicklung der Menschheit eine so entscheidende Rolle spielt. Die weit ausgreifenden Darlegungen Rudolf Steiners zu Aristotelismus und Platonismus, zum Geistesleben des Mittelalters und zu den Wirkungen der arabischen Philosophie können hier nicht wiedergegeben werden; sie finden sich vorrangig in den sogenannten Karma-

Vorträgen des Jahres 1924,[63] aber auch im späteren schriftlichen Werk, beispielsweise in den «Anthroposophischen Leitsätzen» und den entsprechenden «Mitgliederbriefen».[64] Wie weitgehend und konsequent Rudolf Steiner die Bedeutung geistesgeschichtlicher Entwicklung für die individuelle karmische Situation sah, wird beispielhaft an diesen Aussagen deutlich: «In dem Sinne, wie der Mensch unsterblich geworden ist seiner Bewusstseinsseele nach, hat er sich diese Unsterblichkeit, dieses fortdauernde Bewusstsein von der Persönlichkeit – nachdem er durch die Pforte des Todes gegangen war, erst errungen seit der Zeit, da eine Bewusstseinsseele im Erdenmenschen Platz greift.» ... « Die Entwicklung der Menschheit hat die individuelle persönliche Unsterblichkeit gebracht, und in der Scholastik der Dominikaner war es, wo man zuerst diese persönliche Unsterblichkeit betont hat.» ... « Was durch die Dominikaner-Scholastiker persönliche Unsterblichkeit genannt wurde, das ist eigentlich eine Wahrheit erst, seit dem die Bewusstseinsseele langsam und allmählich in die Menschheit eingezogen ist.»[65] Individualität, Intellektualität und Spiritualität gehören für die neuzeitliche Epoche der Menschheit zusammen; michaelische Spiritualität bedeutet, dass das Denken zur Erkenntnis, aber auch zur Entwicklung von Reinkarnation und Karma menschlich vertieft werden kann.

Im Folgenden werden ausschließlich Textstellen aus dem schriftlichen Werk Rudolf Steiners wiedergegeben. Zitate aus Vorträgen würden einer umfassenderen Erläuterung des jeweiligen situativen und thematischen Zusammenhangs erfordern, die an dieser Stelle nicht zu leisten ist.

Dass ich am Morgen die Lage vorfinde, die ich am vorhergehenden Tage selbst geschaffen, dafür sorgt der unmittelbare Gang der Ereignisse. Dass ich, wenn ich mich wieder verkörpere, eine

Umwelt vorfinde, die dem Ergebnis meiner Taten aus dem vorhergehenden Leben entspricht, dafür sorgt die Verwandtschaft meines wieder verkörperten Geistes mit den Dingen der Umwelt. Man kann sich danach eine Vorstellung davon bilden, wie die Seele dem Wesen des Menschen eingegliedert ist. Der physische Leib unterliegt den Gesetzen der Vererbung. Der Menschengeist dagegen muss sich immer wieder und wieder verkörpern; und sein Gesetz besteht darin, dass er die Früchte der vorigen Leben in die folgenden hinübernimmt. Die Seele lebt in der Gegenwart. Aber dieses Leben in der Gegenwart ist nicht unabhängig von den vorhergehenden Leben. Der sich verkörpernde Geist bringt ja aus seinen vorigen Verkörperungen sein Schicksal mit.[66]

Ihr habt ein Bild erblickt –, / Doch euer Wille kann allein / Das Bild in Wirklichkeit verwandeln.[67]

Die letzte Stelle ist dem zweiten Mysteriendrama Rudolf Steiners entnommen; es handelt sich um die Reaktion des geistigen Lehrers auf die «Schau» einer vorangegangenen Inkarnation. Die Wirklichkeit geistig-karmischer Wahrheit (um eine solche paradoxe Formulierung zu verwenden) besteht eben darin, dass eine Schau, eine Einsicht, ein Erleben zunächst richtig wie falsch sein kann und sich erst im weiteren Verlauf des eigenen Lebens durch Willenskraft zur Wahrheit qualifiziert oder zur Unwahrheit dequalifiziert. Das Wirklichkeitsverhältnis scheint fast wie umgekehrt: das geschaute «Bild» ist nicht Darstellung einer vergangenen Wirklichkeit, sondern die in Gegenwart und Zukunft gelebte Lebensrealität wird zum kraftenden Bild, zum eigentlichen Inhalt des geschauten «Bildes».

Der hier gemeinte Wille drückt sich aber nicht nur in einer

Lebensrealisierung aus; er dokumentiert sich auch in der Kraft, in der sich das Ich weiter mit dem geschauten «Bild» befasst und verbindet, also daran interessiert bleibt, auch wenn die Erlebnisintensität und Präsenz des «Bildes» längst der Vergangenheit angehören. Damit ist dieses «Bild» nicht Deutung oder Erklärung, nicht abschließende Einsicht in eine vorangegangene karmische «Wirklichkeit», sondern *Anfang* einer karmischen *Zukunft* für das individuelle Ich. Karmaerkenntnis führt also im recht verstandenen Sinne nicht zu einer «endgültigen» Erkenntnis von Vergangenheit; sie zielt vielmehr auf eine offene Zukunft, durch deren willensgeführte Gestaltung sich erst der vergangene Zusammenhang wie durch eine Reflexion aus der Zukunft ergeben kann.

Der Hüter:
Erkennet Eure Weltenmitternacht!
Ich halte euch im Bann gereiften Lichts,
Das jetzt Saturn euch strahlt, bis eure Hüllen
In stärkrem Wachen, durch des Lichtes Macht
Euch selbst erleuchtend, ihre Farben leben.

Marias Seele:
Die Weltenmitternacht im Seelenwachen? – –
Es war zur Mondeszeit, da sprach die Sonne
Das ernste Schicksalswort: Die Menschenseelen,
Die Weltenmitternacht im Wachen leben,
Sie schauen Blitze, die im schnellsten Zucken
Notwendigkeiten blendend überleuchten,
Dass Geistesblicke im Erkennen sterben – –
Und sterbend sich zu Schicksalszeichen formen,
Die ewig wirksam sich in Seelen prägen.

Es hören solche Seelen Donnerworte,
Die in den Weltengründen dumpf verrollen
Und rollend jeden Seelenwahn bedrohen.[68]

Rudolf Steiners Begriff der Weltenmitternacht bezieht sich auf den entscheidenden nachtodlichen bzw. vorgeburtlichen Umschlagspunkt: für das Ich geht die Nachbereitung des vorangegangenen Erdenlebens in die Vorbereitung des folgenden über. Wirkungen (des vorangegangenen Lebens) werden also zu Ursachen (der nächsten Erdenexistenz). Demnach handelt es sich um die Begegnung von Vergangenheit und Zukunft, aus der die Gegenwart des nächsten Erdenlebens hervorgehen wird. In der wiedergegebenen Stelle des vierten Mysteriendramas wird die Möglichkeit angesprochen, die Weltenmitternacht bewusst zu erleben bzw. sich in der Erdenexistenz an sie zu «erinnern». Damit wird die (aus damaliger Sicht zukünftige) Chance berührt, aus dem Quellpunkt gegenwärtiger Inkarnation empfindend zu leben. Die im Text verwendeten Begriffe deuten auch in den Lichtmetaphern eine solche mögliche Zukunft an, in der Ich-Bewusstsein und Schicksalswirken immer mehr zusammenwachsen.

Dieses Verhältnis beschäftigt Rudolf Steiner auch in seinem späteren Werk auf unterschiedliche Weise. So befassen sich die ersten Vorträge des *Heilpädagogischen Kurses* im Jahr 1924 mit der vorgeburtlichen Organbildung durch das individuelle Denken des Ich, das wiederum weitgehend von der Außenwelterfahrung des vorangegangenen Lebens bestimmt ist. Dabei macht Rudolf Steiner auf die Gefahr aufmerksam, die daraus entstehen könnte, wenn in einer Inkarnation eine reduzierte Welterfahrung zu einem restringierten Denken in der nächsten vorgeburtlichen Existenzsituation führen würde, so dass aus diesem Denken heraus keine für das Ich angemessene Leibausbildung möglich wäre. Der hier gemeinte Entwicklungszusammenhang lässt eine Außenerfahrung des Erdenlebens zur Innensituation des Ich nachtodlich bzw. vorgeburtlich werden und wandelt sich wieder zur «äußeren» (organischen) Leibessituation der nachfolgenden Inkarnation. Diese Beziehung fasst Rudolf Steiner in die einprägsame Formulierung: « ... wenn Sie nur einen Tag durch die Welt gehen und sie genauer anschauen, so ist das schon die Vorbedingung für die Erkenntnis des Inneren des Menschen. Außenwelt im Erdenleben ist geistige Innenwelt im außerirdischen Leben.»[69] Einige Wochen später kommt dann umgekehrt die innere Verursachung gegenwärtiger Außenwelt (Natur) in den Blick: «An der Wiese hast Du mitgebaut in der Zeit von Deiner letzten Inkarnation bis heute. Das, was du da selber in der jetzigen Inkarnation um dich hast, auch in der Natur, daran hast du mitgebaut.»[70]

In dieser geistigen Verwirklichung gestaltet sich der Mensch selber zwischen dem Tode und einer neuen Geburt; er wird wesenhaft ein Abbild dessen, was er im Erdenleben getan hat. Aus diesem seinem Wesenhaften heraus gestaltet er dann beim Wieder-Betreten der Erde sein physisches Leben. Das Geistige, das im Schicksal waltet, kann im Physischen nur seine Verwirklichung finden, wenn seine entsprechende Verursachung vor dieser Verwirklichung sich in das geistige Gebiet zurückgezogen hat. Denn aus dem Geistigen heraus, nicht in der Folge der physischen Erscheinungen gestaltet sich, was sich als schicksalsgemäß auslebt.[71]

Dieser Leitsatz thematisiert ebenfalls verschiedene Aspekte des karmischen Innen-Außen-Verhältnisses und fasst dabei den Begriff der geistigen Verursachung genauer. Interessant ist auch der Vergleich mit der etwa zwanzig Jahre älteren (oben wiedergegebenen) Stelle aus der *Theosophie*; in der Gegenüberstellung zeigt sich das Schicksalsverständnis ansatzweise in seiner Entwicklung durch das Lebenswerk Rudolf Steiners. – Im Herbst 1924, am Tag der letzten Ansprache, erscheint dann als Zeitschriftenveröffentlichung eine spätere Leitsatzgruppe; in ihr greift Rudolf Steiner die Thematik noch einmal in neuer menschenkundlicher Weise und verlagert die Perspektive von Reinkarnation und Karma konsequent von der Vergangenheit in die Gegenwart:

Das Fühlen und Wollen des Gedankenlebens enthalten das karmische Ergebnis voriger Erdenleben. Das Denken und Wollen des Gefühlslebens bestimmen auf karmische Art den Charakter. Das Denken und Fühlen des Willenslebens reißen das gegenwärtige Erdenleben aus dem karmischen Zusammenhang heraus.[72]

Diese karmische Gegenwartsperspektive erhält im späten schriftlichen Werk Rudolf Steiners noch eine kurze «praktische» und zwischenmenschliche Wendung. In seinem unvollendeten, in den Jahren 1923 bis 1925 nach und nach veröffentlichten *Lebensgang* heißt es:

Eine solche Anschauung gewinnt man nicht, wenn man über die zunächst sich aufdrängenden Äußerungen einer Persönlichkeit sinnt; man fühlt sie erregt durch die solche Äußerungen scheinbar begleitenden, in Wirklichkeit aber sie unbegrenzt vertiefenden, in die Intuition eintretenden Züge der Individualität. Man gewinnt sie auch nicht, wenn man sie sucht, während man mit der Persönlichkeit zusammen ist, sondern erst dann, wenn der starke Eindruck nachwirkt und wie eine belebte Erinnerung wird, in der das im äußeren Leben Wesentliche sich auslöscht und das sonst «Unwesentliche» beginnt eine ganz deutliche Sprache zu reden. Wer Menschen «beobachtet», um ihre vorangegangenen Erdenleben zu enträtseln, der kommt ganz gewiss nicht zum

Ziele. Solche Beobachtung muss man wie eine Beleidigung empfinden, die man den Beobachteten zufügt; dann erst kann man hoffen, dass wie durch eine von der geistigen Außenwelt kommende Schicksalsfügung sich das Langvergangene des Menschen in dem Gegenwärtigen enthüllt.[73]

Anmerkungen

1 Zum Zusammenhang von Geisteswissenschaft und Gefühlsbildung vgl. auch W.-U. Klünker: *Anthroposophie als Ich-Berührung*. Dornach 2010.

2 Auf die Beziehung von Selbstgefühl und Einzelempfindungen hat Hegel menschenkundlich präzise hingewiesen: vgl. G. W. F. Hegel: *Enzyklopädie der philosophischen Wissenschaften* (III, §§ 407 und 408, Selbstgefühl).

3 Zum Herzgeschehen vgl. auch unten das Kapitel «Der Sinn von Reinkarnation und Karma verwandelt sich». – Auf die Grundlagen einer spirituellen Physiologie des Herzens weist Hegel in seiner *Enzyklopädie der philosophischen Wissenschaften* (II, § 354).

4 Der Begriff Weltenmitternacht soll hier den entscheidenden nachtodlichen bzw. vorgeburtlichen Umschlagspunkt bezeichnen: aus der Nachbereitung der vorangegangenen Inkarnation wird die Vorbereitung der nächsten; aus Wirkungen und Folgen (des letzten Erdenlebens) werden Ursachen und Grundlagen (des nächsten Erdenlebens). In diesem Sinne liegt in der Weltenmitternacht für die Entwicklung des Ich der Übergang von der nachtodlichen in die vorgeburtliche Dimension. – Rudolf Steiner hat beispielsweise 1913 in seinem vierten Mysteriendrama in zwei Szenen ein Bild der Weltenmitternacht entworfen (*Der Seelen Erwachen* Bild V und VI; GA 14). Vgl. zum Verständnis der Weltenmitternacht auch unten das Kapitel «Der Sinn von Reinkarnation und Karma verwandelt sich».

5 In den «Leitsätzen» 97–99 *(Anthroposophische Leitsätze*, GA 26) hat Rudolf Steiner im Herbst 1924 einen gedanklichen Ansatz zum Karma-Verständnis formuliert, der die gegenwärtigen (und damals zukünftigen) Zugangsmöglichkeiten ansatzweise vorwegnimmt. Diese Darstellung erschien am 28. September 1924, am Tag der letzten Ansprache Rudolf Steiners, in der Wochenschrift *Das Goetheanum*. Leitsatz 98 lautet: «Das Fühlen und Wollen des Gedanken-

lebens enthalten das karmische Ergebnis voriger Erdenleben. Das Denken und Wollen des Gefühlslebens bestimmen auf karmische Art den Charakter. Das Denken und Fühlen des Willenslebens reißen das gegenwärtige Erdenleben aus dem karmischen Zusammenhange heraus.» – Das Verhältnis von Bewusstsein und Leben erscheint hier in der Beziehung von Denken, Fühlen und Wollen. Gerade in der mittleren Formulierung deutet sich für das Ich eine karmische Eigenempfindung in dem Erleben des Verhältnisses von Bewusstsein und Leben an: «Das Denken und Wollen des Gefühlslebens bestimmen auf karmische Art den Charakter.» Die aktuelle karmische Situation des Ich wäre also im Gefühl anzutreffen, wenn die Dimensionen des Denkens und Wollens im Gefühlsleben beachtet werden. Dabei könnte das Denken als die Empfindung der *Bewusstseins*seite des Ich im Gefühl, das Wollen als die Empfindung der *Lebens*seite des Ich im Gefühl angesehen werden. – Vgl. zu dieser Leitsatzgruppe auch unten den Anhang: die Dokumentation zur thematischen Entwicklung im Werk Rudolf Steiners.

6 Eine Metamorphose dieser Blickrichtung zeigt sich deutlicher als in den «Karma-Vorträgen» in den «Leitsätzen» 97–99 vom September 1924 (sie wurden bereits im letzten Kapitel anmerkungsweise erwähnt). In ihnen erscheint für ein denkendes Bewusstsein die Differenzierung *gegenwärtiger* Seelensituation in die Dimension von Vergangenheit, Gegenwart und Zukunft.

7 G. W. F. Hegel: *Enzyklopädie der philosophischen Wissenschaften* (III, § 407 u. 408); vgl. auch oben das Kapitel «Das Selbstgefühl erwacht für den karmischen Zusammenhang von Bewusstsein und Leben».

8 Vgl. dazu oben das Kapitel «Leben entwickelt sich als Bewusstsein, Bewusstsein als Leben» (dort auch die Anm. 7).

9 Vgl. dazu oben das Kapitel «Das Selbstgefühl erwacht für den karmischen Zusammenhang von Bewusstsein und Leben».

10 Auch das Reinkarnationsverständnis Rudolf Steiners kennt selbstverständlich die Bedeutung von geistiger Selbstaktivierung des Ich, vom Denken von Zusammenhängen, die in die freie Imagination übergehen und von daher auch die Gefühlsgrundlage des Ich verändern. Jedoch kann für das erste Viertel des 20. Jahrhunderts noch

nicht davon gesprochen werden, dass die angedeuteten Resonanzwirkungen in der Gefühlsbildung bereits spürbar waren; denn sie begann eben damals erst, um gegen Ende des 20. Jahrhunderts, auch durch die inzwischen vollzogenen *Lebens*wirkung der Anthroposophie, Wirklichkeit zu werden. Letztere ist natürlich auch vor dem Hintergrund des hier beschriebenen Verhältnisses von Bewusstsein und Leben zu sehen.

11 Der Zusammenhang von Individualität und Denken ist in der aristotelischen Überlieferung und im Werk Rudolf Steiners offenkundig; hier sollen stellvertretend nur zwei Belege angeführt werden: «Was durch die Dominikaner-Scholastiker persönliche Unsterblichkeit genannt wurde, das ist eigentlich eine Wahrheit erst, seitdem die Bewusstseinsseele langsam und allmählich in die Menschheit eingezogen ist. Man kann das auch, ich möchte sagen, ganz imaginativ schildern. Stirbt heute ein Mensch, der wirklich die Möglichkeit hatte, während des Erdenlebens seine Seele zu durchdringen mit Intelligenz, mit wahrhaftiger Intelligenz, dann geht er durch die Pforte des Todes, und er schaut zurück auf sein Erdenleben, das da war als ein selbständiges Erdenleben. In früheren Jahrhunderten schaute der Mensch, nachdem er durch die Pforte des Todes gegangen war, auf sein Erdenleben zurück, wie da der Ätherleib im Kosmos sich auflöst, wie er durchgeht dann durch das Seelengebiet, wie er durchlebt die Ereignisse in rückwärtsgehender Form. Dann konnte er sich sagen: So verwaltet Michael durch die Sonne dasjenige was mein war. Das ist eben der große Unterschied» (Rudolf Steiner: Vortrag vom 8. August 1924; GA 237). – «Weil nach den vorausgeschickten Ausführungen des Aristoteles diejenige Form, die Seele ist, nicht insgesamt, sondern als Intellectus den Leib überdauert, bleibt zu prüfen, weshalb die Seele eher dem intellectiven Teil als den anderen Teilen nach den Leib überdauert ... Der Grund dafür muss denselben Ausführungen des Aristoteles entnommen werden; er sagt nämlich: ‹Aber einzig (vom Leib) getrennt ist (der Intellectus) das, was er in Wahrheit ist, und allein dieses ist unsterblich und ewig.› Offenbar gibt Aristoteles folgenden Grund an warum einzig der Intellectus unsterblich und ewig zu sein scheint: weil allein er vom Leib getrennt ist.» (Thomas von Aquin: *Über die*

Einheit des Geistes – De unitate intellectus. Hrsg. von Wolf-Ulrich Klünker. Stuttgart 1987, S. 43). Die Aussage über das Getrenntsein des Intellectus bedeutet hier: die individuelle Intellectus-Seele des Menschen existiert nach dessen Tod vom Leib getrennt fort; dagegen sind die vegetativen und sinnlichen Seelenanteile so stark leibbezogen, dass sie nicht «getrennt», also unabhängig vom Leib fortexistieren können. – Durch solche und ähnliche Gedankengänge versuchte die aristotelische Tradition sich geistige Individualität und deren Unsterblichkeit zu verdeutlichen.

12 Vgl. unten das Kapitel «Imagination verbindet Natur und Karma». Dort wird die Erkenntnis der Dinge im göttlichen Wort und die Erkenntnis der Dinge in sich selbst beschrieben: zwei Erkenntnisarten des Geistselbst und des ursprünglichen Geistselbst-Wesens, des Engels. Bei Thomas von Aquin wird die Erkenntnis der Dinge im göttlichen Wort, also im Christus, als Erkenntnis der Engel am Morgen beschrieben; in Christus sind die Dinge nämlich bei ihrem Ursprung: der Prolog des Johannesevangeliums spricht davon, in Christus, dem göttlichen Wort sei alles geschaffen. Die Erkenntnis der Engel am Abend beschreibt Thomas dagegen als die Erkenntnis der Dinge in sich selbst, also in ihrer Eigenexistenz, die sich in gewisser Hinsicht von ihrem Ursprung im göttlichen Wort entfernt hat. Wörtlich heißt es an dieser Stelle bei Thomas: «Wie bei einem gewöhnlichen Tag der Morgen Ursprung des Tages ist und der Abend Abschluss, so wird die Erkenntnis des ursprünglichen Seins der Dinge als morgendliche Erkenntnis bezeichnet. Diese liegt vor, sofern die Dinge im (göttlichen) Wort sind. Die Erkenntnis dagegen des Seins des geschaffenen Dinges, sofern es in seiner eigenen Natur besteht, wird als abendliche Erkenntnis bezeichnet. Denn das Sein der Dinge fließt aus vom (göttlichen) Wort wie von einem ursprünglichen Anfang her, und dieses Ausfließen findet seinen Abschluss hin zu dem Sein der Dinge, das sie in ihrer eigenen Natur besitzen.» (*Summa theologica* I, 58,6. Übersetzung vom Verf.).

13 Es ist klar, dass der Begriff Licht hier nicht messbare Hell-Dunkel-Verhältnisse meint, sondern ein ätherisches Erleben, in dem Subjekt und Objekt des Erlebens nicht künstlich getrennt werden können.

Schon Thomas von Aquin hat in dem o.g. Zusammenhang deutlich gemacht, dass die Erkenntnis des Engels am Abend und am Morgen nicht verstanden werden darf «wie Beimischung von Dunkelheit, sondern ähnlich wie Anfang und Ende» (a.a.O.).

14 Man denke etwa an die Betonung der freien Vorstellungsbildung in der so genannten Karma-Übung des Vortrags vom 9. Mai 1924 (GA 236).

15 Eine solche Situation wurde bereits im 13. Jahrhundert prognostiziert: «Wenn er (der Mensch) an das Ende des Weges gelangt sein wird, wird er keinen Schutzengel mehr haben ...» (Thomas von Aquin: *Summa theologica* I, 113,4.) Es stellt sich die Frage, wann dieses «Ende des Weges» menschheitsgeschichtlich und biografisch erreicht ist. Vgl. zu dieser Entwicklung auch Thomas von Aquin: *Vom Wesen der Engel*. Hrsg. von Wolf-Ulrich Klünker. Stuttgart 1989 (insbesondere die Einführung).

16 Thomas von Aquin: *Summa theologica* I, 58,6. Vgl. dazu Wolf-Ulrich Klünker: Morgen- und Abenderkenntnis der Engel. In: *Mitteilungen aus der anthroposophischen Arbeit in Deutschland*, Ostern 1995 (Nr. 191), S. 38 ff. Außerdem ders.: *Die Erwartung der Engel. Der Mensch als neue Hierarchie*. Stuttgart 2003, S. 195 ff.

17 Vgl. a.a.O. (S. 197 f.).

18 Es ist deutlich, dass der jetzt gemeinte Imaginationsbegriff über das Imaginationsverständnis der geisteswissenschaftlichen Tradition hinausweist.

19 «Ehedem lebte in dem Strahlen der Sonne, in dem Schimmern der Morgenröte, in dem Funkeln der Sterne Michaels herbe, vergeistigte Liebe ...» (Rudolf Steiner: Dritte Betrachtung: Michaels Leid über die Menschheitsentwickelung vor der Zeit seiner Erdenwirksamkeit. 14.12.1924; GA 26).

20 Ders.: Vortrag vom 19.9.1924 (GA 346).

21 Vgl. das Ende des vorangegangenen Kapitels.

22 Vgl. Rudolf Steiner: Die menschliche Seelenverfassung vor dem Anbruch des Michael-Zeitalters (1924; GA 26).

23 Diese Wirksamkeit spiegelt sich auch in den ökologischen Bewegungen, die im letzten Drittel des 20. Jahrhunderts entstanden sind.

24 Dass solche Empfindungskräfte des Ich im Hinblick auf den eige-

nen Leib in neuer Weise wirksam sind, spiegelt sich auch in bestimmten Krankheitsformen insbesondere bei Jugendlichen (beispielsweise der Magersucht). Manche therapeutische Erfahrungen scheinen darauf hinzudeuten, dass der Grad der Erkrankung auch davon abhängt, ob die Menschen in der Umgebung des Jugendlichen das neue Leibverhältnis erspüren können.

25 Den Zusammenhang von vorgeburtlichem Denken des Ich und der individuellen Organbildung hat Rudolf Steiner insbesondere im ersten und zweiten Vortrag des *Heilpädagogischen Kurses* (25. u. 26. Juni 1924; GA 317) herausgearbeitet.

26 Vgl. dazu Rudolf Steiners Begriff der Übernatur in seinen letzten Leitsätzen und dem entsprechenden Mitgliederbrief vom März 1925 (GA 26). Als Übernatur wird dort eine geistige Tätigkeit bezeichnet, die in der Lage ist, der zivilisatorisch immer mehr zur Unternatur herabgesunkenen Natur eine Aufstiegskraft entgegenzustellen.

27 Georg Friedrich Wilhelm Hegel: *Enzyklopädie der philosophischen Wissenschaften*, § 408. In: Ders.: Werke Bd. 10. Frankfurt a. M. 1983, S. 160 f.

28 Rudolf Steiner: Schlaf und Wachen im Lichte der vorangegangenen Betrachtungen. In: GA 26.

29 Vgl. insbesondere den ersten und den zweiten Vortrag des *Heilpädagogischen Kurses* (25. und 26. Juni 1924; GA 317).

30 Georg Wilhelm Friedrich Hegel: *Vorlesungen über die Geschichte der Philosophie*, Bd. II. Hrsg. von Eva Moldenhauer und Karl Markus Michel. Frankfurt a. M. 1977, S. 207.

31 A.a.O. (S. 210).

32 A.a.O. (S. 211).

33 A.a.O.

34 Vgl. beispielsweise den Vortrag vom 13. November 1917 (GA 178): «Es muss der Mensch das werden, als was er sich denkt. Diese ist eine Wahrheit, die bestimmt war, von den wichtigen Umwandlungen des 19. Jahrhunderts ab unter die Menschen zu kommen. Der Mensch muss das wollend sein, was er in Wirklichkeit sein kann, muss denken können über sein Wesen, wenn er es seelenhaft sein soll.» Der Kontext macht klar, dass der letzte Halbsatz dieses

Werden aus dem Denken nicht auf ein seelisches Sein beschränken soll; vielmehr ist die gesamte menschliche Wirklichkeit gemeint.

35 Vielleicht ist dieser Vorgang in der jüngsten Vergangenheit am deutlichsten an den eigendynamischen Turbulenzen der Wirtschaft und des Finanzmarktes zu studieren: Gesetzmäßigkeiten, die von keinem Menschen mehr erlebend nachvollzogen werden können, beginnen sich zu verselbständigen. Immer dringlicher muss gefragt werden, ob ähnliche Tendenzen beispielsweise auch für eine Natur Geltung besitzen können, mit der Mensch sich nicht mehr im ichgetragenen Empfinden verbunden weiß.

36 Ausführliche Darstellungen dieser «Prognosen» finden sich in: Wolf-Ulrich Klünker: *Die Erwartung der Engel. Der Mensch als neue Hierarchie*. 3. Aufl. Stuttgart 2010. – Ders.: *Alanus ab Insulis. Entwicklung des Geistes als Michael-Prinzip*. Stuttgart 1993. – Ders.: *Johannes Scotus Eriugena. Denken im Gespräch mit dem Engel*. Stuttgart 1988.

37 Vgl. dazu vor allem die Ausführungen des Thomas von Aquin zur abendlichen und morgendlichen Erkenntnis der Engel: Wolf-Ulrich Klünker: *Die Erwartung der Engel. Der Mensch als neue Hierarchie*. 3. Aufl. Stuttgart 2010, S. 195 ff. Dort finden sich auch Hinweise auf die entsprechenden Originalstellen im Werk des Thomas.

38 Noch einmal zur Verdeutlichung: «Abstrakter Wille» soll als Begriff nicht besagen, dass der Wille unkonkret oder nur vorgestellt sei; vielmehr soll zum Ausdruck gebracht werden, dass sich das Ich in einem individuellen Willen halten kann, gerade wenn Lebenssituation und Selbstgefühl problematisch geworden sind und auch das Willensziel noch nicht eindeutig gefasst werden kann. Das Ich hält sich in diesem Wollen, obwohl es ihm dadurch *zunächst* noch nicht besser geht.

39 Rudolf Steiner hat die Beziehung von kosmisch-geistiger Entwicklung und individuellem Denken für das 20. Jahrhundert vor allem in den *Anthroposophischen Leitsätzen* und darauf bezogenen Mitgliederbriefen ausgearbeitet (1924/25; GA 26).

40 Vgl. am Beginn der Neuzeit etwa die knappe Aussage des Nicolaus Cusanus in seinem *Compendium*: «Opus naturae est opus intelligentiae»: das Werk der Natur ist das Werk der (kosmischen) In-

telligenz. (cap. XI). In der Ausgabe von Bruno Decker und Karl Bormann (Hamburg 1970; S. 46 bzw. S. 78) finden sich in einer Anmerkung zu dieser Stelle weitere ähnliche Formulierungen.

41 Albertus Magnus: De intellectu et intelligibili, lib. II, cap. XII. Vgl. dazu Wolf-Ulrich Klünker: Nur der Mensch. Menschliche Seele und Erde im Werk des Albertus Magnus. In: Rolf Dorka, Roselies Gehlig, Wolfgang Schad, Armin Scheffler (Hrsg.): *Zum Erstaunen bin ich da*. Dornach 1998, S. 80 ff. Diesem kleinen Aufsatz entstammt die oben wiedergegebene deutsche Übersetzung der Stelle. Der Textzusammenhang ist auch abgedruckt in: Wolf-Ulrich Klünker: *Die Erwartung der Engel. Der Mensch als neue Hierarchie*. 3. Aufl. Stuttgart 2010, S. 192 ff.

42 «Unser Geist erkennt sich ... nicht durch sein Wesen, sondern durch seine Tätigkeit ... So nimmt Sokrates oder Platon wahr, dass er eine geistige Seele hat, indem er wahrnimmt, dass er denkt.» (Thomas von Aquin: *Summa theologica* I, 87,1. Zitiert nach: Wolf-Ulrich Klünker: *Selbsterkenntnis der Seele. Zur Anthropologie des Thomas von Aquin*. Stuttgart 1990, S. 46.) – Eine andere Stelle ist ähnlich aussagefähig im Hinblick auf die Selbstkonstitution der Ich-Form durch Selbsterkenntnis im Denken: «Was vom menschlichen Geist zuerst erkannt wird ist der Gegenstand; und an zweiter Stelle wird die Tätigkeit erkannt, durch die der Gegenstand erkannt wird; und durch die Tätigkeit wird der Geist erkannt, dessen Vollkommenheit in diesem Denken besteht.» (*Summa theologica* I, 87,3. Zitiert nach: A.a.O. S. 50.)

43 Das Christentum gründet sich darauf, dass Gott Mensch wurde; das Weihnachtsmotiv bringt zum Ausdruck, dass Gott in das ganz kleine Kind eingeht. Indem das Große klein wird, kann nun das Kleine groß werden – Mensch und Logos sind kein Widerspruch mehr.

44 Platon: *Timaios* 42b–d. (Übersetzung von F. Schleiermacher und H. Müller)

45 Aristoteles: *Metaphysik* III, 4. Hrsg. von Eugen Rolfes. Erste Hälfte (Buch I–VII). Leipzig 1904, S. 66.

46 A.a.O. IV, 5 (S. 92).

47 A.a.O. (S. 94).

48 A.a.O. (S. 96).

49 Im ersten Buch des Aristoteles *Über die Seele* findet sich eine Äußerung zur Seelenwanderung; vgl. dazu unten den Abschnitt über Hegel.

50 Origenes: *Vier Bücher von den Prinzipien*. Hrsg. von Herwig Görgemanns und Heinrich Karpp. 2. Aufl. Darmstadt 1983, S. 415–417 (De principiis II 9, 7).

51 Johannes Scotus Eriugena: *Über die Einteilung der Natur*. Übersetzt von Ludwig Noack. Reprint Hamburg 1983, II S. 413 (V 39).

52 Ders.: Homelia. In: Wolf-Ulrich Klünker: *Johannes Scotus Eriugena. Denken im Gespräch mit dem Engel*. Stuttgart 1988, S. 99; vgl. auch die Erläuterungen S. 111 ff.

53 Alanus ab Insulis: Michael-Predigt. In: Wolf-Ulrich Klünker: *Alanus ab Insulis. Entwicklung des Geistes als Michael-Prinzip*. Stuttgart 1993, S. 55.

54 Thomas von Aquin: *Über die Einheit des Geistes*. Hrsg. von Wolf-Ulrich Klünker. Stuttgart 1987, S. 22.

55 A.a.O. (S. 63).

56 A.a.O. (S. 54 f.).

57 Siger von Brabant: Über die Geistseele. In: Wolf-Ulrich Klünker, Bruno Sandkühler: *Menschliche Seele und kosmischer Geist. Siger von Brabant in der Auseinandersetzung mit Thomas von Aquin*. Stuttgart 1988, S. 63 f.

58 Gotthold Ephraim Lessing: *Die Erziehung des Menschengeschlechts*, §§ 92–100.

59 Georg Friedrich Wilhelm Hegel: Vorlesungen über die Geschichte der Philosophie I. Erster Teil: Geschichte der griechischen Philosophie. In: Ders.: *Werke in 20 Bänden*, Bd. 18. Frankfurt a. M. 1971, S. 267.

60 Aristoteles: *Über die Seele* I (407 b 13). In: Ders.: *Vom Himmel. Von der Seele. Von der Dichtkunst*. Übersetzt von Olof Gigon. München 1983, S. 273.

61 Rudolf Steiner: *Mein Lebensgang* (1924/25; GA 28), Kap. XXXVII.

62 Zum Verhältnis von Individualität und Intellektualität vgl. oben den Abschnitt über Thomas von Aquin und das Kapitel «Karma zeigt sich nicht als Vergangenheitserleben».

63 GA 235–240.

64 GA 26.

65 Rudolf Steiner: Vortrag vom 8. August 1924 (GA 237).

66 *Theosophie. Einführung in übersinnliche Welterkenntnis und Menschenbestimmung* (1904; GA 9), Kap. Wiederverkörperung des Geistes und Schicksal (Reinkarnation und Karma).

67 Der Seelen Erwachen. In: *Vier Mysteriendramen* (1910–13; GA 14), 2. Bild.

68 Rudolf Steiner: *Der Seelen Erwachen* (Viertes Mysteriendrama; 1913; GA 14), 6. Bild.

69 Ders.: Vortrag vom 25. Juni 1924 (*Heilpädagogischer Kurs*, 1. Vortrag GA 317).

70 Ders.: Vortrag vom 19. September 1924 (Apokalypse und Priesterwirken, 15. Vortrag; GA 346).

71 Ders.: *Anthroposophische Leitsätze*, Nr. 43 (25. Mai 1924; GA 26).

72 Ders.: *Anthroposophische Leitsätze*, Nr. 98 (28. September 1924; GA 26). Vgl. auch oben das Kapitel «Leben entwickelt sich als Bewusstsein, Bewusstsein als Leben».

73 Ders: *Mein Lebensgang* (1923–1925; GA 28), Kap. VII.

Zeitfracht Medien GmbH
Ferdinand-Jühlke-Straße 7
99095 Erfurt, Deutschland
produktsicherheit@kolibri360.de

Druck:
CPI Druckdienstleistungen GmbH
im Auftrag der
Zeitfracht Medien GmbH
Ein Unternehmen der Zeitfracht - Gruppe
Ferdinand-Jühlke-Str. 7
99095 Erfurt